北塔光昇著

『浄土論』講讃　十二講

『教行信証』「証文類」の引文を基にして

永田文昌堂

序　講

本願寺第二十五代専如御門主の恩命を蒙り、本願寺派の安居に、天親造　菩提流支訳『浄土論』（『無量寿経優婆提舎願生偈』）を講讃させていただくこととなった。

諸記録によれば、本願寺派で公的に『浄土論』が講じられたのは、一六三九（寛永一六）年の学寮創立以来現在まで、次に掲げる二十七回である。[*一]

	（西暦）	（和歴）	（講題）	（講者）
一、	一七八〇	安永九	浄土論	功存
二、	一七八八	天明八	往生浄土論	泌水
三、	一七九三	寛政五	浄土論	萊洲
四、	一八二〇	文政三	往生論	誓謙
五、	一八二五	文政八	浄土論	到徹

六、	一八三四	天保五	浄土論	會逈
七、	一八三九	天保一〇	願生偈	目云
八、	一八四三	天保一四	浄土論	玄雄
九、	一八五三	嘉永六	浄土論	慧海
一〇、	一八五四	安政一	往生論	玄雄
一一、	一八五五	安政二	浄土論	響流
一二、	一八五七	安政四	浄土論	聞生
一三、	一八五九	安政六	浄土論	得聞
一四、	一八五九	安政六	浄土論	亮恵
一五、	一八六一	文久一	浄土論	慧麟
一六、	一八六一	文久一	浄土論	力精
一七、	一八六九	明治二	浄土論	崇忍
一八、	一八八〇	明治一三	浄土論	水原宏遠
一九、	一八九九	明治三二	願生偈	福田行忍
二〇、	一九一四	大正三	浄土論	弓波瑞明

二一、	一九二〇　大正九	浄土論	瀬成世眼
二二、	一九二五　大正一四	優婆提舎願生偈	小池普達
二三、	一九三八　昭和一三	浄土論	花田凌雲
二四、	一九三九　昭和一四	往生浄土論	藤永清徹
二五、	一九四七　昭和二二	浄土論	佐々木鐵城
二六、	一九七六　昭和五一	浄土論	稲城選恵
二七、	一九八六　昭和六一	無量寿経優婆提舎願生偈	武内紹晃

学寮創設以来三百八十五年の間に、二十七回の講義回数というのは、宗祖親鸞聖人が『顕浄土真実教行証文類』、すなわち本典の「信文類」の序において、「広く三経の光沢を蒙りて、ことに一心の華文を開く」と仰がれた『浄土論』の講義回数としては非常に少ないように思われる。しかしながら、曇鸞和尚の『論註』(『無量寿経優婆提舎願生偈註』)は、『浄土論』の註釈書であるから、『論註』の講義を『浄土論』の講義に含めることもできる。かつ、宗祖は、『論註』を『浄土論』と同じものとして主著『顕浄土真実教行証文類』や「三帖和讃」に扱われる。[*二] 以上のことから『論註』の講義回数も『浄土論』の講義とみることができよう。『論註』の本願寺派での講義回数は、

現在までに四十八回なされている。『浄土論』と合わせれば七十五回である。三百八十五年の間になされた講義回数としては非常に多い。それは、真宗教義の根幹を為すものが、『浄土論』であり『論註』であるからにほかならない。

そのことは、真宗教義を簡潔にまとめられた「正信偈」の論釈に関わる部分、すなわち「正信偈」依釈段での、天親菩薩と曇鸞和尚に関わる句の多さからも窺えよう。依釈段は、三十八行七十六句で成り立ち、直接七高僧に関わる句が三十四行六十八句であるが、そのうち、天親菩薩に関わる句が十二、曇鸞和尚に関わる句が十二、合わせて二十四句である。七高僧の句の三割近くが『浄土論』と『論註』に依るものである。特に、天親菩薩の教義に関わる数句と曇鸞和尚の同じく教義に関わる数句とを連続してみると、次のように真宗教義の根幹である二種回向が明らかとなる。

廣由本願力回向　爲度群生彰一心
歸入功德大寶海　必獲入大會衆數
得至蓮華藏世界　卽證眞如法性身
遊煩惱林現神通　入生死園示應化

天親菩薩の段では、まず、「広く本願力の回向によりて、群生を度せんがために一心を彰す」と示される。これは、本典「教文類」の初めの御自釈に、「つつしんで浄土真宗を案ずるに、二種の回向あり。一つには往相、二つには還相なり」と示され、先にあげた「信文類」の序の「広く三経の光沢を蒙りて、ことに一心の華文を開く」とに相応する。そして、「功徳大宝海に帰入すれば、かならず大会衆の数に入ることを獲。蓮華蔵世界に至ることを得れば、すなはち真如法性の身を証せしむと。煩悩の林に遊んで神通を現じ、生死の園に入りて応化を示すといへり」の六句は、「証文類」の全体を示す。初めの御自釈における「しかるに煩悩成就の凡夫、生死罪濁の群萌、往相回向の心行を獲れば、即の時に大乗正定聚の数に入るなり」から『論註』引文最後の「これを教化地の第五の功徳の相と名づくとのたまへり」に相応している。

そして、曇鸞和尚の段では、天親菩薩の段をさらに深めて示される。

往還回向由他力　　正定之因唯信心
惑染凡夫信心發　　證知生死卽涅槃
必至无量光明土　　諸有衆生皆普化

すなわち、「往還の回向は他力による。正定の因はただ信心なり。惑染の凡夫、信心発すれば、生死すなはち涅槃なりと証知せしむ。かならず無量光明土に至れば、諸有の衆生みなあまねく化すといへり」と。

以上のようなことから窺えば、本安居では『浄土論』の全体についての詳細な講義をすべきところである。しかしながら安居期間の関係もあるので、宗祖が『論註』の多くを引かれた本典の「証文類」への引用の箇所を中心にして『浄土論』を鑽仰させていただくことをお許し願いたい。

宗祖は、本典「証文類」における還相回向釈の大半を『論註』の引文で著されている。このことは、宗祖が浄土の真実証を『論註』すなわち『浄土論』によって理解されたということである。また、別の見方をすれば、「証文類」は宗祖による『浄土論』の解釈書と言えよう。

そこで、すでに多くの『浄土論』、特に『論註』の講録や講本が多数あり、屋上屋を架すことになるかもしれないが、以上述べてきたような理由から、「証文類」を基にして『浄土論』を味わってみたいと思うところである。

講義の回数は、安居の開繙式と閉繙式を除けば全十二回になる。そこで、開繙式での講義は序講、閉繙式の講義は結講とし、その間を第一講から第十二講として、本書の題名に「十二講」と付けることにした。

なお、宗祖の本願力回向による『浄土論』の理解を明確にしていくため、いくつかの書物を参考にさせていただいた。

まずは、真宗義の理解のために、本願寺派宗学の二大学派である石泉学派の石泉僧叡和上の『教行証文類随聞記』と、空華学派の松島善譲和上の『顕浄土真実教行証文類敬信記』である。

次いで、称名正因、自力念仏、加えて諸行往生との境を明らかにするために、現在の浄土門他派最大の教団である浄土宗（鎮西流）の『浄土論』の訓読原本。加えて、浄土宗の『論註』の註釈書、特に教学の基礎を構築した浄土宗第三祖良忠の『無量寿経論註記』（『往生論註記』と以下略）である。

講義の中で逐次これらを参照していくこととする。

また、大衆諸師の便宜をはかるために、本書における漢文は、概ね原文の返り点や送り仮名などの通りに訓読、書き下しにしている。必要に応じて記載の原書の頁によって原文を参照していただきたい。

最後になるが、本講本の出版を快くお引き受けくださり、種々のご配慮をしてくださった永田文昌堂主に衷心よりお礼申し上げる次第である。

註

＊一　一九七七年までは、『真宗全書』七五巻所収『本願寺派講学略年表』により、一九八八年から二〇二三年までは、浄土真宗本願寺派『宗報』による。

＊二　宗祖は、『顕浄土真実教行証文類』「証文類」（『浄土真宗聖典全書』（二）宗祖篇上〈『浄聖全』二と以下略〉、一三四頁）では、「『浄土論』曰」として「論註」の文を引用されている。また、宗祖は『高僧和讃』「天親讃」（『浄聖全』二、四一二頁）に「天親論主のみことには　願作佛心とのべたまへ」と示されるが、「願作仏心」の文言は『浄土論』ではなく『論註』に出る言葉である。

著者　記す

目次

『浄土論』講讃　十二講

『教行信証』「証文類」の引文を基にして

『浄土論』科段

- 一、題目
  - 一、題号
  - 二、撰号
  - 三、訳号
- 一、総説分
  - 一、偈
    - 一、一心
    - 二、五念
      - 一、成三念門
        - 一、礼拝門
        - 二、讃嘆門
        - 三、作願門
      - 二、成上起下
      - 三、成二念門
        - 一、観察門
          - 一、依報
            - 一、正宗
            - 二、所由
          - 二、正報
            - 一、主徳
            - 二、伴徳

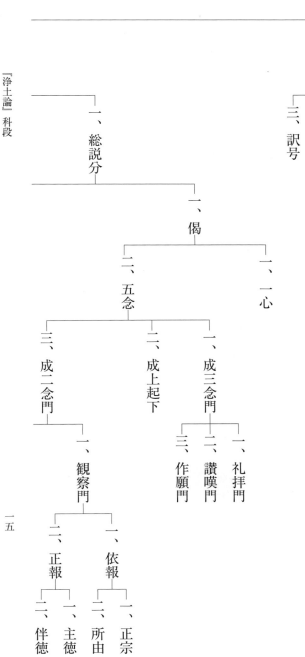

- 二、回向門
- 二、結
- 二、正文
  - 二、解義分
    - 一、正釈
      - 一、願偈大意
      - 二、起観生信
        - 一、示五念力
        - 二、出五念門
      - 三、観行体相（観察体相）
        - 一、器体
          - 一、国土体相
          - 二、示現二利
          - 三、入第一義
        - 二、衆生体
          - 一、観仏
          - 二、観菩薩
      - 四、浄入願心
      - 五、善巧摂化
      - 六、離菩提門（離菩提障）
      - 七、順菩提門

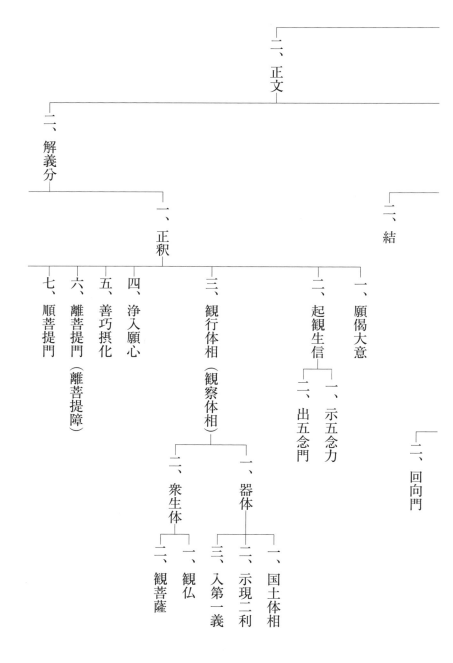

八、名義摂対
九、願事成就
十、利行満足

二、総結

＊以上、履善『無量寿経優婆提舎願生偈』（『新編真宗全書』教義編四巻所収・『真宗全書』九巻所収）を基にする。
なお、（　）内は浄土真宗本願寺派『浄土真宗聖典全書（一）三経七祖篇』所収の『浄土論』の柱書表記。

第一講

（一）『浄土論』要説

『浄土論』の解説は、本願寺出版社より二〇一四年に出版された『浄土真宗聖典全書（一）三経七祖篇』（『浄聖全』一と以下略）の四三〇頁の［概説］に詳しいので、それを参照していただきたいが、講義のために著者の天親菩薩と『浄土論』の概要を記しておく。

『浄土論』の題名は、『無量寿経優婆提舎願生偈』であるが、「浄土論」、「往生論」、「無量寿経論」、「無量寿論」などと略される。題名にある『無量寿経』は、いずれの経典を指すものなのか古来定説がないが、近年の研究ではサンスクリット本の『無量寿経』『阿弥陀経』との関係が指摘されている。ただし、真宗では宗祖のご指南によって真宗所依の『浄土三部経』と頂くのである。そして、作者は真宗七高僧の第二祖として仰がれる天親菩薩である。サンスクリット名の発音によって、婆藪槃豆、婆藪槃頭、婆藪般頭などと音訳もされ、意訳での天親は、新訳では世親とされる。宗祖は、『尊号真像銘文』に『浄土論』の要文と天親菩薩について次のように説明される。

婆藪般豆菩薩『論』曰、「世尊我一心　歸命盡十方　无㝵光如來　願生安樂國　我依修多羅　眞實功德相　說願偈總持　與佛敎相應　觀彼世界相　勝過三界道　究竟如虛空　廣大无邊際」と。又曰、「觀佛本願力　遇无空過者　能令速滿足　功德大寶海」

「婆藪般豆菩薩論曰」といふは、「婆藪般豆」は天竺のことばなり、晨旦には天親菩薩とまふす。またいまはいはく、世親菩薩とまふす。舊譯には天親、新譯には世親菩薩とまふす。「論曰」は、世親菩薩、彌陀の本願を釋しあらはしたまへる御ことを「論」といふ也、「曰」はこゝろをあらはすことばなり。この論おば『淨土論』といふ、また『往生論』といふ也。「世尊我一心」といふは、「世尊」は釋迦如來なり。「我」とまふすは世親菩薩のわがみとのたまへる也。「一心」といふは、教主世尊の御ことののりをふたごゝろなくうたがひなしとなり、すなわちこれまことの信心也。「歸命盡十方无㝵光如來」とまふすは、「歸命」は南无なり、また歸命とまふすは如來の敕命にしたがふこゝろ也。「盡十方无㝵光如來」とまふすはすなわち阿彌陀如來なり、この如來は光明也。「盡十方」といふは、「盡」はつくすといふ、ことごとくといふ、十方世界をつくしてことごとくみちたまへるなり。「无导」といふは、さわることとなしと也。さわることとなしとまふすは、衆生の煩惱悪業にさえられざる也。「光如來」とまふすは阿彌陀佛なり。この如來はすなわち不可思議光佛とまふす。この如來は智慧のかたちなり、十方微塵刹土にみちたまへるなりとしるべしとなり。「願生安樂國」といふは、世親菩薩、かの无导光佛を稱念し信じて安樂國にむまれむとねがひたまへるなり。「我依修多羅眞實功徳相」といふは、「我」は天親論主のわれとなのりたまへる御ことば也。「依」はよるといふ、修多羅によるとなり。「修多羅」は天竺のことば、佛の經典をまふす也。佛教に大乘あり、また小乘あり。みな修多羅とまふす。いま修多羅とまふすは大乘なり、小乘にはあらず。いまの三部の經典は大乘修多羅也、この三部大乘によるとなり。「眞實功徳相」といふは、「眞實功徳」は誓願の尊號なり、「相」はかたちといふことば也。「説願偈總持」といふは、本願のこゝろをあらはすことばを「偈」といふなり。「總持」といふは智慧なり、无导光の智慧を總持とまふすなり。「與佛教相應」といふは、この『淨土論』のこゝろは、釋尊の教勅、彌陀の誓願にあひかなへりとなり。「觀彼世界相勝過三界道」といふは、かの安樂世界をみそなわすに、ほとりきわなきこと虛空のごとし、ひろくおほきなること虛空のごとしとたとへたるなり。

「觀佛本願力遇无空過者」といふは、如來の本願力をみそなわすに、願力を信ずるひとは、むなしくこゝにとゞまらずと也。「能令速滿足功德大寶海」といふは、「能」はよしといふ、「令」はせしむといふ、「速」はすみやかにとしといふ。よく本願力を信樂する人は、すみやかにとく功德の大寶海を信ずる人のそのみに滿足せしむる也。如來の功德のきわなくひろくおほきにへだてなきことを、大海のみづのへだてなくみちみてるがごとしとたとへたてまつるなり。

（浄土真宗本願寺派『浄土真宗聖典全書（二）宗祖篇上』、

二〇一一年、本願寺出版社〈『浄聖全』二と以下略〉、六一六～六二二頁各上段）

『浄土論』の構成は、二十四行九十六句の「願偈」という偈頌と「論」という長行から成り立っている。宗祖は、この『浄土論』を本書の序でも述べたように、『論註』と同一視されている。そのことを理解した上で、次に掲げる宗祖の『高僧和讃』「天親讃」で、『浄土論』の鑽仰すべき要を味わっておきたい。

釋迦の教法おほけれど　天親菩薩はねんごろに
煩惱成就のわれらには　彌陀の弘誓をすゝめしむ

安養淨土の莊嚴は　唯佛與佛の知見なり
究竟せること虛空にして　廣大にして邊際なし

本願力にあひぬれば　むなしくすぐるひとぞなき
功德の寶海みちみちて　煩惱の濁水へだてなし

如來淨華の聖衆は　正覺のはなより化生して
衆生の願樂ことごとく　すみやかにとく滿足す

天・人不動の聖衆は　弘誓の智海より生ず
心業の功德清淨にて　虛空のごとく差別なし

天親論主は一心に　无导光に歸命す
本願力に乘ずれば　報土にいたるとのべたまふ

盡十方の无㝵光佛　一心に歸命するをこそ
天親論主のみことには　願作佛心とのべたまへ

願作佛の心はこれ　度衆生のこゝろなり
度衆生の心はこれ　利他眞實の信心なり

信心すなわち一心なり　一心すなわち金剛心
金剛心は菩提心　この心すなわち他力なり

願土にいたればすみやかに　无上涅槃を證してぞ
すなわち大悲をおこすなり　これを廻向となづけたり

（『浄聖全』二、四〇九～四一三頁各上段）

（二）『浄土論』全容

『浄土論』の全容を知るために、先に提示した科段に基づき全文を掲げて読んでみることにする。ただし、訓読であっても意味を取りにくいことがあるので、現代語による意訳を配しておくことにする。

意訳の底本は、『浄土真宗聖典　十住毘婆沙論　浄土論　―現代語版―』（二〇二三年、本願寺出版社〈『現代語版浄土論』と以下略〉）とし、さらに、参考として浄土宗との読みの違いを見るために、浄土宗の訓読も配しておく。

なお、真宗訓読の底本には、『浄聖全』一所収の『浄土論』を用い、浄土宗訓読の底本には、山喜房佛書林より一九七二年に出版された浄土宗開宗八百年記念準備局『浄土宗全書第一巻』（『浄全』一と以下略）所収の『浄土論』を用いることとする。

凡例

一、訓読をしやすいように文字は原則として常用漢字に置き換えている。

二、漢字に振り仮名を付けてある場合は、原文のまま振り仮名を付けている。
三、読み仮名の元の漢字が何であるかを示すために、原文の漢字は、同様の送り仮名がある場合でも漢字を併記している。
例　「者」　↓　「ハ者」
四、「証文類」に引用されている『浄土論』の文（『論註』の孫引きを含む）は、**ゴシック体**にしている。なお、「証文類」への引用の偈頌の文は「」で括ってある。
五、偈頌の文で、『浄土論』の「解義分」に引かれているものの「」の有無は底本によるものである。

『浄土論』

一、題目

一、題号

【浄土真宗聖典全書】

無量寿経優婆提舎願生偈

（『浄聖全』一、四三三頁）

【意訳】

無量寿経優婆提舎願生偈　　（『現代語版浄土論』、四一頁）

【浄土宗全書】

無量寿経優婆提舎願生偈　　（『浄全』一、一九二頁）

二、撰号

【浄土真宗聖典全書】

婆藪般豆菩薩造　　（『浄聖全』一、四三三頁）

【意訳】

婆藪般頭菩薩造る　　（『現代語版浄土論』、四一頁）

【浄土宗全書】

婆藪般頭菩薩造　　（『浄全』一、一九二頁）

三、訳号

【浄土真宗聖典全書】

後魏菩提留支訳　（『浄聖全』一、四三三頁）

【意訳】

後魏の菩提流支訳す　（『現代語版浄土論』、四一頁）

【浄土宗全書】

後魏菩提流支訳　（『浄全』一、一九二頁）

二、正文

一、総説分

一、偈

一、一心

【浄土真宗聖典全書】

世尊我一心ニ　（『浄聖全』一、四三三頁）

【意訳】

世尊よ、わたしは一心に　（『現代語版浄土論』、四一頁）

【浄土宗全書】

世尊我レ一心ニ　（『浄全』一、一九二頁）

二、五念

一、成三念門

一、礼拝門

【浄土真宗聖典全書】

帰命シタテマツリテ　（『浄聖全』一、四三三頁）

【意訳】

帰命したてまつり、　（『現代語版浄土論』、四一頁）

【浄土宗全書】

帰命シタテマツリ　（『浄全』一、一九二頁）

二、讃嘆門

【浄土真宗聖典全書】

尽十方　無碍光如来ニ　（『浄聖全』一、四三三頁）

【意訳】

尽十方無礙光如来に　（『現代語版浄土論』、四一頁）

【浄土宗全書】

尽十方　無礙光如来ニ　（『浄全』一、一九二頁）

三、作願門

【浄土真宗聖典全書】

安楽国ニ生ゼムト願ズ　（『浄聖全』一、四三三頁）

【意訳】

安楽国に生れたいと願う。

（『現代語版浄土論』、四一頁）

【浄土宗全書】

安楽国ニ生セント願ス

（『浄全』一、一九二頁）

二、成上起下

【浄土真宗聖典全書】

我修多羅ノ　真実功徳相ニ　依リテ　願偈ヲ説キテ総持シ　仏教与相応セム

（『浄聖全』一、四三三頁）

【意訳】

わたしは、無量寿経に説かれている真実の荘厳功徳の相にしたがい、仏の教えと一致する願生の偈という陀羅尼を示そう。

（『現代語版浄土論』、四一頁）

【浄土宗全書】

我レ修多羅ノ　真実功徳ノ相ニ　依テ　願偈ヲ説テ総持テ　仏教与相応ス

三、成二念門

一、観察門

一、依報

一、正宗

（『浄全』一、一九二頁）

「彼ノ世界ノ相ヲ観ズルニ　三界ノ道ニ勝過セリ」　究竟シテ虚空ノ如ク　広大ニシテ辺際无シ　正道ノ大慈悲　出世ノ善根ヨリ生ズ　浄光明ノ満足セルコト　鏡ト日月輪トノ如シ　諸ノ珍宝ノ性ヲ備ヘテ　妙荘厳ヲ具足セリ　无垢ノ光炎熾《サカリ》ニシテ　明浄ニシテ世間ヲ曜カス　宝性功徳ノ草　柔軟ニシテ左右ニ旋レリ　触ルル者勝楽ヲ生ズルコト　迦栴隣陀ニ過ギタリ　宝華千万種ニシテ　池・流・泉ニ弥覆セリ　微風華葉ヲ動スニ　交錯シテ光乱転ス　宮殿諸ノ楼閣ニシテ　十方ヲ観ルコト无碍ナリ　雑樹ニ異ノ光色アリ　宝蘭遍ク囲遶セリ　無量ノ宝交絡シテ　羅網虚空ニ遍シ　種種ノ鈴響ヲ発シテ　妙法ノ音ヲ宣ベ吐ク　華ト衣トヲ雨ラシテ荘厳シ　无量ノ香普ク薫ズ

【浄土真宗聖典全書】

仏恵明浄ナルコト日ノゴトク　世ノ痴闇冥ヲ除ク　**「梵声悟ラシムルコト深遠ニシテ微妙ナリ十方ニ聞ユ」**　**「正覚ノ阿弥陀　法王善ク住持シタマヘリ」**　**「如来浄華ノ衆ハ　正覚ノ華ヨリ化生ス」**　仏法ノ味ヲ愛楽シ　禅三味ヲ食ト為ス　永ク身心ノ悩ヲ離レ　楽ミヲ受クルコト常ニシテ間《ヒマ》无シ　大乗善根ノ界ハ　等シクシテ譏嫌ノ名無シ　女人及ビ根欠　二乗ノ種生ゼ不　衆生ノ願楽スル所　一切能ク満足ス

（『浄聖全』一、四三三～四三四頁）

【意訳】

「安楽国の荘厳功徳の相を観察すると、迷いの世界に超えすぐれている。」

大空のようにどこまでも果てしなく、広大できわまりがない。

さとりの大いなる慈悲と、少しも煩悩の汚れのない善根から生じている。

清らかな光明が満ちわたっており、まるで鏡と太陽や月のようである。

多くのすばらしい宝石でできたものをそなえ、すぐれた功徳でうるわしくととのえられている。

煩悩の汚れのない光明が燃えるように輝き、明るく清らかにその世界を照らし出す。

宝石でできた草が、柔らかく左右になびいている。

（二）『浄土論』全容

触れるものにすぐれた楽しみが生じることは、迦旃隣陀を超えている。

何千万種もの宝石でできた花が、池・川・泉をあまねく覆っている。

そよ風になびくその花や葉は、入り交じってきらきらと輝く。

宮殿やさまざまな楼閣が立ち並んでいながら、どの方角を見てもさまたげられることがない。

さまざまな樹々はそれぞれに光輝き、宝石でできた玉垣がいたるところにめぐりわたっている。

数限りない宝石の交わった網飾りが、大空を覆っている。

さまざまな鈴が鳴り響いて、すばらしい教えを説き述べている。

うるわしい花と衣が降りそそぎ、多くの香りがすみずみにまで満ちている。

仏の智慧は太陽のように明るく清らかで、世間の煩悩の闇を除き去る。

「清らかな言葉は、奥深くすぐれていて、すべての世界に響きわたる。」

「この上ないさとりを開かれた阿弥陀仏が、仏法の王としてこの世界におられる。」

「浄土の聖者がたは、みな仏のさとりの花からおのずと生れる。」

仏の教えの味わいや禅定を好んで食事とする。

永久に身心の苦悩を離れ、楽しみが絶えることはない。
大乗の善根より生じた世界は、すべてが等しく、そこには不快なそしりの名はない。
女性であるとか、身心が不自由であるとか、また自らのさとりだけを求めるものといったそしりを受けるものはいない。
人々が願い求めるところは、すべて満たされる。

（『現代語版浄土論』、四一～四四頁）

【浄土宗全書】

「彼ノ世界ノ相ヲ観スルニ　三界ノ道ニ勝過セリ」　究竟シテ虚空ノ如ク　広大ニシテ辺際無シ　正道ノ大慈悲　出世ノ善根ヨリ生ス　浄光明満足スルコト　鏡ト日月輪トノ如シ　諸ノ珍宝ノ性ヲ備テ　妙荘厳ヲ具足セリ　無垢ノ光炎熾ニ　明浄ニシテ世間ヲ曜カス　宝性功徳艸　柔軟ニシテ左右ニ旋レリ　触ル者ノ勝楽ヲ生スルコト　迦旃鄰陀ニ過タリ　宝華千万種アリ　池流泉ニ弥覆セリ　微風華葉ヲ動セハ　交錯シテ光リ乱転ス　宮殿諸ノ楼閣　十方ヲ観ルニ無礙ナリ　雑樹ニ異光ノ色アリ　宝蘭徧ク囲繞セリ　無量ノ宝交絡シテ　羅網虚空ニ徧シ　種種ノ鈴響ヲ発シテ　妙法音ヲ宣吐ス　華衣ヲ雨シテ荘厳トシ　無量ノ香普ク薫ス　仏慧明浄ノ日　世ノ痴闇ノ冥ヲ除ク

「正覚阿弥陀　法王善ク住持シタマヘリ」　「梵声悟シムルコト深遠ナリ　微妙ニシテ十方ニ聞フ」

「如来浄華ノ衆　正覚ノ華ヨリ化生ス」　仏法味ヲ愛楽スルト　禅ト三昧トヲ食ト為　永ク身心ノ悩ヲ離テ　楽ヲ受ルコト常ニ間マ無シ　大乗善根ノ界ハ　等シテ譏嫌ノ名モ無シ　女人ト及ヒ根欠ト　二乗トノ種生セ不　衆生ノ願楽スル所　一切能ク満足ス

（『浄全』一、一九二頁）

二、所由

【浄土真宗聖典全書】

故ニ我彼ノ　阿弥陀仏国ニ　生ゼムト願ズ

（『浄聖全』一、四三四頁）

【意訳】

このようなわけで、わたしは阿弥陀仏の国に生れたいと願う。

（『現代語版浄土論』、四四頁）

【浄土宗全書】

是ノ故ニ彼ノ　阿弥陀仏国ニ　生セント願ス

（『浄全』一、一九二頁）

二、正報

一、主徳

【浄土真宗聖典全書】

无量大宝王ノ　微妙ノ浄華台アリ　相好ノ光一尋ニシテ　色像群生ニ超エタマヘリ

如来ノ微妙ノ声　梵響十方ニ聞ユ　地・水・火・風・　虚空ニ同ジテ分別无シ　天人

不動ノ衆　清浄ノ智海ヨリ生ズ　須弥山王ノ如ク　勝妙ニシテ過ギタル者无シ　天人

丈夫ノ衆　恭敬シテ遶リテ瞻仰シタテマツル　仏ノ本願力ヲ観ズルニ　遇ヒテ空シク

過グル者无シ　能ク速ニ　功徳ノ大宝海ヲ　満足セ令ム

（『浄聖全』一、四三四頁）

【意訳】

数限りないもっともすぐれた宝石でできた、清らかですばらしい蓮の花の台座がある。

仏の身にそなわる光明は一尋で、姿かたちは人々に超えすぐれている。

（二）『浄土論』全容

仏のすばらしい声は、清らかに響いてすべての世界に聞えわたる。

仏の心は、地・水・火・風・空と同じように、何ものにもわけへだてがない。

ゆるぎない心をそなえた浄土の神々や人々は、清らかなさとりの智慧の海から生れる。

その仏は須弥山のようであり、そのすばらしさにまさるものはない。

浄土の神々・人々・菩薩がたは、仏をあつく敬ってそのまわりをめぐり、仰ぎ見るのである。

阿弥陀仏を観察すると、その本願のはたらきに出遇って、いたずらに迷いの生死を繰り返すものはなく、
速やかに大いなる宝の海のような功徳を満足させてくださる。


（『現代語版浄土論』、四五～四六頁）

【浄土宗全書】

無量ノ大宝王アル　微妙ノ浄華台アリ　相好ノ光一尋　色像群生ニ超タリ　如来微妙ノ声　梵響十方ニ聞フ　地水火風　虚空ニ同シテ分別シタマフ無シ　天人不動ノ衆　清浄ノ智海ヨリ生ス　須弥山王ノ如ク　勝妙ニシテ過タル者ノ無シ　天人丈夫ノ衆　恭敬シ繞テ瞻仰ス　仏ノ本願力ヲ観スルニ　遇テ空ク過ル者ノ無シ　能ク速ニ　功徳

大宝海ヲ　満足令ム

（『浄全』一、一九二～一九三頁）

二、伴徳

【浄土真宗聖典全書】

「安楽国ハ清浄ニシテ　常ニ无垢ノ輪ヲ転ズ　化仏・菩薩ノ日　須弥ノ住持スルガ如シ」　「无垢荘厳ノ光　一念及ビ一時ニ　普ク諸仏ノ会ヲ照シ　諸ノ群生ヲ利益ス」　「天ノ楽ト華ト衣ト　妙香等トヲ　雨ラシテ　供養シ　諸仏ノ功徳ヲ讃ズルニ　分別ノ心有ルコト无シ」　「何等ノ世界ナリトモ　仏法功徳ノ宝　无カラムニハ　我願クハ皆往生シテ　仏法ヲ示スコト仏ノ如クセム」

（『浄聖全』一、四三四頁）

【意訳】

「安楽国は清らかであり、あらゆる世界を照らす化身の仏・菩薩は、煩悩の汚れのない教えを常に説いていいながらも、須弥山のように不動である。」

「その身にそなわる汚れのない光が、時を経ず一斉に、

（二）『浄土論』全容

広くさまざまな仏がたの説法の座を照らし、あらゆる人々に利益をもたらす。」

「うるわしい音楽、花や衣、すばらしい香りなどを降りそそいで供養し、わけへだてする心なくあらゆる仏がたの功徳をほめたたえる。功徳の宝である仏の教えがなければ、どのような世界であっても、わたしはそこに生まれ、仏のように教えを説き示したいと願う。」

（『現代語版浄土論』、四六頁）

【浄土宗全書】

「安楽国ハ清浄ニシテ　常ニ無垢輪ヲ転ス　化仏菩薩ノ日ハ　須弥ノ住持スルカ如シ」　無垢荘厳ノ光　一念及ヒ一時　普ク諸仏ノ会ヲ照シ　諸ノ群生ヲ利益ス」「天ノ楽華衣　妙香等ヲ　雨シテ　供養シ　諸仏ノ功徳ヲ讃スルニ　分別ノ心有ルコト無シ」　「何等ノ世界ナリトモ　仏法功徳ノ宝　無ランニハ　我レ願クハ皆往生シテ　仏法ヲ示スコト仏ノ如ナラント」

（『浄全』一、一九三頁）

二、回向門

【浄土真宗聖典全書】

我論ヲ作リ偈ヲ説ク　願クハ弥陀仏ヲ見タテマツリ　普ク諸ノ衆生ト共ニ　安楽国ニ往生セム

（『浄聖全』一、四三四頁）

【意訳】

わたしは論を作り偈を示した。阿弥陀仏を見たてまつり、広くすべての人々とともに、安楽国に生れたいと願う。

（『現代語版浄土論』、四七頁）

【浄土宗全書】

我レ論ヲ作リ偈ヲ説ク　願クハ弥陀仏ヲ見タテマツリ　普諸ノ衆生ト共ニ　安楽国ニ往生セン

（『浄全』一、一九三頁）

二、結

【浄土真宗聖典全書】

（二）『浄土論』全容

無量寿修多羅ノ章句、我偈誦ヲ以テ総ジテ説キ竟リヌ。

（『浄聖全』一、四三五頁）

【意訳】

無量寿経の言葉を、わたしは偈によってすべて示し終えた。

（『現代語版浄土論』、四七頁）

【浄土宗全書】

無量寿修多羅ノ章句　我レ偈誦ヲ以総説シ竟ヌ

（『浄全』一、一九三頁）

二、解義分

一、正釈

一、願偈大意

【浄土真宗聖典全書】

論ジテ曰ク、此ノ願偈ハ何ノ義ヲカ明ス。彼ノ安楽世界ヲ観ジテ阿弥陀仏ヲ見タテマツルコトヲ示現ス。彼ノ国ニ生ゼムト願ズルガ故ナリ。

（『浄聖全』一、四三五頁）

【意訳】

論じていう。この願生の偈は、どのような内容を明らかにするのか。安楽国を観察することを示している。阿弥陀仏を見たてまつり、その国に生れたいと願うからである。

（『現代語版浄土論』、四七頁）

【浄土宗全書】

論ニ曰ク此ノ願偈ニハ何ナル義ヲカ明ス　彼ノ安楽世界ヲ観シテ阿弥陀如来ヲ見タテマツリ　彼ノ国ニ生セント願スルコトヲ示現スルカ故ニ

（『浄全』一、一九三頁）

＊真宗と浄土宗では、「示現観彼安楽世界見阿弥陀仏（如来）願生彼国故」の訓読が大きく異なる。

二、起観生信

一、示五念力

【浄土真宗聖典全書】

云何ガ観ジ、云何ガ信心ヲ生ズル。若シ善男子・善女人五念門ヲ修シテ行成就シヌレバ、畢竟ジテ安楽国土ニ生ジテ、彼ノ阿弥陀仏ヲ見タテマツルコトヲ得。

（『浄聖全』一、四三五頁）

【意訳】

どのように観察し、どのように信心をおこすのか。

もし、善良なものが、五念門の行を修めて成就したなら、ついには必ず安楽国に生れ、阿弥陀仏を見たてまつることができる。

（『現代語版浄土論』、四七頁）

【浄土宗全書】

云何カ観シ云何カ信心ヲ生スル　若善男子善女人五念門ヲ修シテ行成就スレハ畢竟シテ安楽国土ニ生シテ彼ノ阿弥陀仏ヲ見タテマツルコトヲ得

（『浄全』一、一九三頁）

【浄土真宗聖典全書】

二、出五念門

何等カ五念門。一ニ者礼拝門、二ニ者讃歎門、三ニ者作願門、四ニ者観察門、五ニ者回向門ナリ。云何ガ礼拝スル。身業ヲモテ阿弥陀如来・応・正遍知ヲ礼拝シタテマツル。彼ノ国ニ生ズル意ヲ為スガ故ナリ。云何ガ讃歎スル。口業ヲモテ讃歎シタテマツル。彼ノ如来ノ名ヲ称スルニ、彼ノ如来ノ光明智相ノ如ク、彼ノ名義ノ如ク、如実ニ修行シテ相応セムト欲スルガ故ナリ。云何ガ作願スル。心ニ常ニ願ヲ作シ、一心ニ専ラ畢竟ジテ安楽国土ニ往生セムト念ズ。如実ニ奢摩他ヲ修行セムト欲スルガ故ナリ。云何ガ観察スル。智恵ヲモテ観察シ、正念ニ彼ヲ観ズ。如実ニ毘婆舎那ヲ修行セムト欲スルガ故ナリ。彼ノ観察ニ三種有リ。何等カ三種。一ニ者彼ノ仏国土ノ荘厳功徳ヲ観察ス。二ニ者阿弥陀仏ノ荘厳功徳ヲ観察ス。三ニ者彼ノ諸菩薩ノ功徳荘厳ヲ観察ス。云何ガ回向スル。一切苦悩ノ衆生ヲ捨テ不シテ、心ニ常ニ願ヲ作シ、**回向ヲ首ト為ス。大悲心ヲ成就スルコトヲ得ムトスルガ故ナリ。**

（『浄聖全』一、四三五頁）

【意訳】

五念門とは何かというと、一つには礼拝門、二つには讃嘆門、三つには作願門、四つには観察門、五つには回向門である。

どのように礼拝するのかというと、身で如来・応供・正遍知である阿弥陀仏を礼拝したてまつるのである。その国に生れたいと思うからである。

どのように讃嘆するのかというと、口で讃嘆するのである。すなわち、阿弥陀仏の光明という智慧の相の通りに、また名のいわれの通りに、阿弥陀仏の名を称《たた》えるのである。如実に相応を修めたいと思うからである。

どのように作願するのかというと、心で常に願うのである。すなわち、ついには必ず安楽国に生れたいと一心にもっぱら念じるのである。如実に奢摩他を修めたいと思うからである。

どのように観察するのかというと、智慧で観察するのである。すなわち、その国を正しい思いで観察するのである。如実に毘婆舎那を修めたいと思うからである。この観察に三種がある。三種とは何かというと、一つには阿弥陀仏の国土の荘厳功徳を観察すること、二つには阿弥陀仏の荘厳功徳を観察すること、三つにはその国の菩薩の荘厳功徳を観察することである。

どのように回向するのかというと、苦しみ悩むすべての人々を捨てることなく救いたいと心で常に願い、**回向を何より大切なこととする。大いなる慈悲の心を成就しよう**

とするからである。

（『現代語版浄土論』、四七～四九頁）

【浄土宗全書】

何等カ五念門ナル　一ニ者礼拝門　二ニ者讃歎門　三ニ者作願門　四ニ者観察門　五ニ者回向門ナリ　云何カ礼拝スル　身業ヲモテ阿弥陀如来応正徧知ヲ礼拝シタテマツル　彼ノ国ニ生スル意ヲ為カ故ニ　云何カ讃歎スル　口業ヲモテ讃歎シタテマツル　彼ノ如来ノ名ヲ称スルニ　彼ノ如来ノ光明智相ノ如ク　彼ノ名義ノ如ク　如実ニ修行シテ相応セント欲スルカ故ニ　云何カ作願スル　心ニ常ニ作願シ　一心ニ畢竟シテ安楽国土ニ往生セント専念ス　如実ニ奢摩他ヲ修行セント欲スルカ故ニ　云何カ観察スル　智慧ヲモテ観察ス　正念ニ彼ヲ観シテ如実ニ毘婆舎那ヲ修行セント欲スルカ故ニ　彼ノ観察ニ三種有　何等カ三種ナル　一ニ者彼ノ仏国土ノ荘厳功徳ヲ観察シ　二ニ者阿弥陀仏ノ荘厳功徳ヲ観察シ　三ニ者彼ノ諸菩薩ノ功徳荘厳ヲ観察ス　云何カ回向スル　一切ノ苦悩ノ衆生ヲ捨テ不　心ニ常ニ作願シ**回向スルヲ首ト為テ大悲心ヲ成就スルコトヲ得ルカ故ニ**

（『浄全』一、一九三頁）

＊真宗と浄土宗では、回向に対する解釈の違いがあり、「回向」の書き下し文が異なる。

三、観行体相（観察体相）

一、器体

一、国土体相（十七種）

【浄土真宗聖典全書】

云何ガ彼ノ仏国土ノ荘厳功徳ヲ観察スル。彼ノ仏国土ノ荘厳功徳者不可思議力ヲ成就セルガ故ナリ。彼ノ摩尼如意宝ノ性ノ如キニ相似相対ノ法ナルガ故ナリ。彼ノ仏国土ノ荘厳功徳成就ヲ観察スト者十七種有リ、知ル応シ。何等カ十七。一ニ者荘厳清浄功徳成就、二ニ者荘厳无量功徳成就、三ニ者荘厳性功徳成就、四ニ者荘厳形相功徳成就、五ニ者荘厳種種事功徳成就、六ニ者荘厳妙色功徳成就、七ニ者荘厳触功徳成就、八ニ者荘厳三種功徳成就、九ニ者荘厳雨功徳成就、十ニ者荘厳光明功徳成就、十一ニ者荘厳妙声功徳成就、十二ニ者荘厳主功徳成就、十三ニ者荘厳眷属功徳成就、十四ニ者荘厳受用功徳成就、十五ニ者荘厳无諸難功徳成就、十六ニ者荘厳大義門功徳成就、十七ニ者荘厳一切所求満足功徳成就ナリ。

荘厳清浄功徳成就ト者、偈ニ「観彼世界相勝過三界道」ト言ヘルガ故ナリ。荘厳无量功徳成就ト者、偈ニ「究竟如虚空広大无辺際」ト言ヘルガ故ナリ。荘厳性功徳成就ト者、偈ニ「正道大慈悲出世善根生」ト言ヘルガ故ナリ。荘厳形相功徳成就ト者、偈ニ「浄光明満足如鏡日月輪」ト言ヘルガ故ナリ。荘厳種種事功徳成就ト者、偈ニ「備諸珍宝性具足妙荘厳」ト言ヘルガ故ナリ。荘厳妙色功徳成就ト者、偈ニ「无垢光炎熾明浄曜世間」ト言ヘルガ故ナリ。荘厳触功徳成就ト者、偈ニ「宝性功徳草柔軟左右旋触者生勝楽過迦栴隣陀」ト言ヘルガ故ナリ。荘厳三種功徳成就ト者、三種ノ事有リ、知ル応シ。何等カ三種。一ニ者水、二ニ者地、三ニ者虚空ナリ。荘厳水功徳成就ト者、偈ニ「宝華千万種弥覆池流泉微風動華葉交錯光乱転」ト言ヘルガ故ナリ。荘厳地功徳成就ト者、偈ニ「宮殿諸楼閣観十方无碍雑樹異光色宝蘭遍囲遶」ト言ヘルガ故ナリ。荘厳虚空功徳成就ト者、偈ニ「无量宝交絡羅網遍虚空種種鈴発響宣吐妙法音」ト言ヘルガ故ナリ。荘厳雨功徳成就ト者、偈ニ「雨華衣荘厳无量香普薫」ト言ヘルガ故ナリ。荘厳光明功徳成就ト者、偈ニ「仏恵明浄日除世痴闇冥」ト言ヘルガ故ナリ。**荘厳妙声功徳成就ト者、偈ニ「梵声悟深遠微妙聞十方」ト言ヘルガ故ナリ。荘厳主功徳成就ト**

者、偈ニ「正覚阿弥陀法王善住持」ト言ヘルガ故ナリ。荘厳眷属功徳成就ト者、偈ニ「如来浄華衆正覚華化生」ト言ヘルガ故ナリ。荘厳受用功徳成就ト者、偈ニ「愛楽仏法味禅三昧為食」ト言ヘルガ故ナリ。荘厳无諸難功徳成就ト者、偈ニ「永離身心悩受楽常无間」ト言ヘルガ故ナリ。荘厳大義門功徳成就ト者、偈ニ「大乗善根界等无譏嫌名女人及根欠二乗種不生」ト言ヘルガ故ナリ。浄土ノ果報ハ二種ノ譏嫌ノ過ヲ離レタリ、知ル応シ。一ニ者体、二ニ者名ナリ。体ニ三種有リ。一ニ者二乗人、二ニ者女人、三ニ者諸根不具人ナリ。此ノ三ノ過无シ。故ニ体ノ譏嫌ヲ離ルト名ク。名ニ亦三種有リ。但三ノ体无キノミニ非ズ、乃至二乗ト女人ト諸根不具ノ三種ノ名ヲ聞カ不。故ニ名ノ譏嫌ヲ離ルト名ク。等ト者平等一相ノ故ナリ。荘厳一切所求満足功徳成就ト者、偈ニ「衆生所願楽一切能満足」ト言ヘルガ故ナリ。

（『浄聖全』一、四三五～四三八頁）

【意訳】

どのように阿弥陀仏の国土の荘厳功徳を観察するのかというと、その荘厳功徳は、不可思議なはたらきを成就しており、そのはたらきは摩尼如意宝の性質とよく似ている。阿弥陀仏の国土の荘厳功徳の成就を観察するのに、十七種があると知るがよい。十七種とは何かというと、一つには荘厳清浄功徳の成就、二つには荘厳無量功徳の成就、三つには荘厳性功徳の成就、四つには荘厳形相功徳の成就、五つには荘厳種々事功徳の成就、六つには荘厳妙色功徳の成就、七つには荘厳触功徳の成就、八つには荘厳三種功徳の成就、九つには荘厳雨功徳の成就 十には荘厳光明功徳の成就、十一には荘厳妙声功徳の成就、十二には荘厳主功徳の成就、十三には荘厳眷属功徳の成就、十四には荘厳受用功徳の成就、十五には荘厳無諸難功徳の成就、十六には荘厳大義門功徳の成就、十七には荘厳一切所求満足功徳の成就である。

荘厳清浄功徳成就とは、偈に「安楽国の荘厳功徳の相を観察すると、迷いの世界に超えすぐれている」と示している。

荘厳無量功徳の成就とは、偈に「大空のようにどこまでも果てしなく、広大できわまりがない」と示している。

荘厳性功徳の成就とは、偈に「さとりの大いなる慈悲と、少しも煩悩の汚れのない善根から生じている」と示している。

荘厳形相功徳の成就とは、偈に「清らかな光明が満ちわたっており、まるで鏡と太陽や月のようである」と示している。

荘厳種々事功徳の成就とは、偈に「多くのすばらしい宝石でできたものをそなえ、すぐれた功徳でうるわしくととのえられている」と示している。荘厳妙色功徳の成就とは、偈に「煩悩の汚れのない光明が燃えるように輝き、明るく清らかにその世界を照らし出す」と示している。荘厳触功徳の成就とは、偈に「宝石でできた草が、柔らかく左右になびいている。触れるものにすぐれた楽しみが生じることは、迦旃隣陀を超えている」と示している。荘厳三種功徳の成就とは、三種があると知るがよい。三種とは何かというと、一つには水、二つには地、三つには虚空である。荘厳水功徳の成就とは、偈に「何千万種もの宝石でできた花が、池・川・泉をあまねく覆っている。そよ風になびくその花や葉は、入り交じってきらきらと輝く」と示している。荘厳地功徳の成就とは、偈に「宮殿やさまざまな楼閣が立ち並んでいながら、どの方角を見てもさまたげられることがない。さまざまな樹々はそれぞれに光輝き、宝石でできた玉垣がいたるところにめぐりわたっている」と示している。荘厳虚空功徳の成就とは、偈に「数限りない宝石の交わった網飾りが、大空を覆っている。さまざまな鈴が鳴り響いて、すばらしい教えを説き述べている」と示している。

荘厳雨功徳の成就とは、偈に「うるわしい花と衣が降りそそぎ、多くの香りがすみずみにまで満ちている」と示している。

荘厳光明功徳の成就とは、偈に「仏の智慧は太陽のように明るく清らかで、世間の煩悩の闇を除き去る」と示している。

荘厳妙声功徳の成就とは、偈に「清らかな言葉は、奥深くすぐれていて、すべての世界に響きわたる」と示している。

荘厳主功徳の成就とは、偈に「この上ないさとりを開かれた阿弥陀仏が、仏法の王としてこの世界におられる」と示している。

荘厳眷属功徳の成就とは、偈に「浄土の聖者がたは、みな仏のさとりの花からおのずと生れる」と示している。

荘厳受用功徳の成就とは、偈に「仏の教えの味わいや禅定を好んで食事とする」と示している。

荘厳無諸難功徳の成就とは、偈「永久に身心の苦悩を離れ、楽しみが絶えることはない」と示している。

荘厳大義門功徳の成就とは、偈に「大乗の善根より生じた世界は、すべてが等しく、そこには不快なそしりの名はない。女性であるとか、身心が不自由であるとか、また自らのさとりだけを求めるものといったそしりを受けるものはいない」と示している。浄土で得る果報は、二種の不快なそしりの罪を離れていると知るがよい。その二種というのは、一つには実体、二つには名称である。その実体に三種がある。一つには自らのさとりだけを求めるもの、二つには女性、三つには身心の不自由なものである。この三種のものはいないから、実体についてのそしりを離れているというのである。その名称にもまた三種がある。ただ三種の実体がないというだけでなく、自らのさとりだけを求めるもの、女性、身心の不自由なものを表す名称を聞くこともないから、名称についてのそしりを離れているというのである。偈の「すべてが等しく」とは、平等であり、同一のすがたであることをいうからである。

荘厳一切所求満足功徳の成就とは、偈に「人々が願い求めるところは、すべて満たされる」と示している。

（『現代語版浄土論』、四九～五四頁）

【浄土宗全書】

云何カ彼ノ仏国土ノ荘厳功徳ヲ観察スル　彼ノ仏国土ノ荘厳功徳ハ者　不可思議力ヲ

成就シタマヘルカ故ニ　彼ノ摩尼如意宝性ノ如ク相似相対ノ法ナルカ故　彼ノ仏国土ノ荘厳功徳成就ヲ観察ストハ者　十七種有リ　知ル応シ　何等カ十七ナル　一ニ者荘厳清浄功徳成就　二ニ者荘厳量功徳成就　三ニ者荘厳性功徳成就　四ニ者荘厳形相功徳成就　五ニ者荘厳種種事功徳成就　六ニ者荘厳妙色功徳成就　七ニ者荘厳触功徳成就　八ニ者荘厳三種功徳成就　九ニ者荘厳雨功徳成就　十ニ者荘厳光明功徳成就　十一ニ者荘厳妙声功徳成就　十二ニ者荘厳主功徳成就　十三ニ者荘厳眷属功徳成就　十四ニ者荘厳受用功徳成就　十五ニ者荘厳無諸難功徳成就　十六ニ者荘厳大義門功徳成就　十七ニ者荘厳一切所求満足功徳成就ナリ　**荘厳清浄功徳成就ト者　偈ニ「観彼世界相勝過三界道」ト言ヘルカ故ニ**　荘厳量功徳成就ト者　偈ニ究竟如虚空広大無辺際ト言ヘルカ故ニ　荘厳性功徳成就ト者　偈ニ正道大慈悲出世善根生ト言ヘルカ故ニ　荘厳形相功徳成就ト者　偈ニ浄光明満足如鏡日月輪ト言ヘルカ故ニ　荘厳種種事功徳成就ト者　偈ニ備諸珍宝性具足妙荘厳ト言ヘルカ故ニ　荘厳妙色功徳成就ト者　偈ニ無垢光炎熾明浄曜世間ト言ヘルカ故ニ　荘厳触功徳成就ト者　偈ニ宝性功徳艸柔軟左右旋触者生勝楽過迦旃鄰陀ト言ヘルカ故ニ　荘厳三種功徳成就ト者　三種ノ事有　知応シ　何等カ三種ナル　一ニ者水　二ニ者地　三ニ者虚空ナリ　荘厳水功徳成就ト者

偈ニ宝華千万種弥覆池流泉微風動華葉交錯光乱転ト言ヘルカ故ニ　荘厳地功徳成就ト者　偈ニ宮殿諸楼閣観十方無礙雑樹異光色宝欄徧囲繞ト言ヘルカ故ニ　荘厳虚空功徳成就ト者　偈ニ無量宝交絡羅網徧虚空種種鈴発響宣吐妙法音ト言ヘルカ故ニ　荘厳雨功徳成就ト者　偈ニ雨華衣荘厳無量香普薫ト言ヘルカ故ニ　荘厳光明功徳成就ト者　偈ニ仏慧明浄日除世痴闇冥ト言ヘルカ故ニ　**荘厳妙声功徳成就ト者　偈ニ「梵声悟深遠微妙聞十方」ト言ヘルカ故ニ　荘厳主功徳成就ト者　偈ニ「正覚阿弥陀法王善住持」ト言ヘルカ故ニ　荘厳眷属功徳成就ト者　偈ニ「如来浄華衆正覚華化生」ト言ヘルカ故ニ**　荘厳受用功徳成就ト者　偈ニ受楽仏法味禅三昧為食ト言ヘルカ故ニ　荘厳無諸難功徳成就ト者　偈ニ永離身心悩受楽常無間ト言ヘルカ故ニ　荘厳大義門功徳成就ト者　偈ニ大乗善根界等無譏嫌名女人及根欠二乗種不生ト言ヘルカ故ニ　浄土ノ果報ハ二種ノ譏嫌ノ過ニ離タリ　知応シ　一ニ者体　二ニ者名ナリ　体ニ三種有　一ニ者二乗ノ人　二ニ者女人　三ニ者諸根不具ノ人ナリ　此ノ三ノ過無カ故ニ離体譏嫌ト名ク　名ニ亦三種有　但三ノ体無ノミニ非　乃至二乗ト女人ト諸根不具トノ三種ノ名ヲモ聞不ルカ故ニ離名譏嫌ト名　等ト者平等一相ナルカ故ニ　荘厳一切所求満足功徳成就ト者　偈ニ衆生所願楽一切能満足ト言ヘルカ故ニ

（『浄全』一、一九三〜一九五頁）

二、示現二利

【浄土真宗聖典全書】

略シテ彼ノ阿弥陀仏国土ノ十七種ノ荘厳成就ヲ説ク。如来ノ自身利益大功徳力成就ト利益他功徳成就トヲ示現セムガ故ナリ。

（『浄聖全』一、四三八頁）

【意訳】

阿弥陀仏の国土の荘厳功徳の成就を十七種として示したのは、仏の自らを利益する大いなる功徳の力が成就していることと、他者を利益する功徳が成就していることをあらわそうとしたからである。

（『現代語版浄土論』、五四〜五五頁）

【浄土宗全書】

略シテ彼ノ阿弥陀仏国土ノ十七種ノ荘厳成就ヲ説テ如来自身ノ利益大功徳力成就ト利益他功徳成就トヲ示現スルカ故ニ

（『浄全』一、一九五頁）

三、入第一義

【浄土真宗聖典全書】

彼ノ无量寿仏国土ノ荘厳ハ第一義諦妙境界相ナリ。十六句及ビ一句次第シテ説ケリ、知ル応シ。

（『浄聖全』一、四三八頁）

【意訳】

その阿弥陀仏の国土の荘厳功徳は、仏のさとりがあらわれたすばらしい世界のすがたである。これを前の十六種の荘厳功徳の成就と、後の一種の荘厳功徳の成就とで、順に示したと知るがよい。

（『現代語版浄土論』、五五頁）

【浄土宗全書】

彼ノ無量寿仏国土ノ荘厳ハ第一義諦妙境界ノ相ナリ　十六句ト及一句ト次第ニ説クコト　知応シ

（『浄全』一、一九五頁）

二、衆生体

一、観仏（八種）

【浄土真宗聖典全書】

云何ガ仏ノ荘厳功徳成就ヲ観ズル。仏ノ荘厳功徳成就ヲ観ズト者、八種ノ相有リ、知ル応シ。何等カ八種。一ニ者荘厳座功徳成就、二ニ者荘厳身業功徳成就、三ニ者荘厳口業功徳成就、四ニ者荘厳心業功徳成就、五ニ者荘厳大衆功徳成就、六ニ者荘厳上首功徳成就、七ニ者荘厳主功徳成就、八ニ者荘厳不虚作住持功徳成就ナリ。

何トナレバ者荘厳座功徳成就トハ、偈ニ「无量大宝王微妙浄華台」ト言ヘルガ故ナリ。何トナレバ者荘厳身業功徳成就トハ、偈ニ「相好光一尋色像超群生」ト言ヘルガ故ナリ。何トナレバ者荘厳口業功徳成就トハ、偈ニ「如来微妙声梵響聞十方」ト言ヘルガ故ナリ。何トナレバ者荘厳心業功徳成就トハ、偈ニ「同地水火風虚空无分別」ト言ヘルガ故ナリ。无分別ト者分別ノ心无キガ故ナリ。何トナレバ者荘厳大衆功徳成就トハ、偈ニ「天人不動衆清浄智海生」ト言ヘルガ故ナリ。何トナレバ者荘厳上首功徳成就トハ、偈ニ「如須弥山王勝妙无過者」ト言ヘルガ故ナリ。何トナレバ者荘厳主功徳成就トハ、偈ニ「天人丈夫衆恭敬遶瞻仰」ト言ヘルガ故ナリ。何トナレバ者荘厳不虚作住持功徳成就トハ、偈ニ「観仏本願力遇无空過者能令速満足功徳大宝海」ト言ヘルガ故ナリ。**即チ彼ノ仏ヲ見タテマツレバ、未証浄心ノ菩薩畢竟ジテ平等法身ヲ証スルコトヲ得テ、浄心ノ菩薩与上地ノ諸ノ菩薩与畢竟ジテ同ジク寂滅平等ヲ得ルガ故ナリ。　略シテ八句ヲ説キテ、如来ノ自利利他ノ功徳荘厳、次第ニ成就シタマヘルコトヲ示現ス、知ル応シ。**

（『浄聖全』一、四三八～四三九頁）

【意訳】

どのように仏の荘厳功徳の成就を観察するのかというと、仏の荘厳功徳の成就を観察するのに、八種のすがたがあると知るがよい。八種とは何かというと、一つには荘厳座功徳の成就、二つには荘厳身業功徳の成就、三つには荘厳口業功徳の成就、四つには荘厳心業功徳の成就、五つには荘厳大衆功徳の成就、六つには荘厳上首功徳の成就、七つには荘厳主功徳の成就、八つには荘厳不虚作住持功徳の成就である。

荘厳座功徳の成就とは、偈に「数限りないもっともすぐれた宝石でできた、清らかですばらしい蓮の花の台座がある」と示している。

荘厳身業功徳の成就とは、偈に「仏の身にそなわる光明は一尋で、姿かたちは人々に超えすぐれている」と示している。

荘厳口業功徳の成就とは、偈に「仏のすばらしい声は、清らかに響いてすべての世界に聞えわたる」と示している。

荘厳心業功徳の成就とは、偈に「仏の心は、地・水・火・風・空と同じように、何ものにもわけへだてがない」と示している。偈に「何ものにもわけへだてがない」と示したのは、わけへだてをする心がないことをいう。

荘厳大衆功徳の成就とは、偈に「ゆるぎない心をそなえた浄土の神々や人々は、清らかなさとりの智慧の海から生れる」と示している。

荘厳上首功徳の成就とは、偈に「その仏は須弥山のようであり、そのすばらしさにまさるものはない」と示している。

荘厳主功徳の成就とは、偈に「浄土の神々・人々・菩薩がたは、仏をあつく敬ってそのまわりをめぐり、仰ぎ見るのである」と示している。

荘厳不虚作住持功徳の成就とは、偈に「阿弥陀仏を観察すると、その本願のはたらきに出遇って、いたずらに迷いの生死を繰り返すものはなく、速やかに大いなる宝の海のような功徳を満足させてくださる」と示している。**つまり、この仏を見たてまつる**

と、まだ清らかな心を得ていない菩薩も、ついには必ず平等法身となり、他の清らかな心を得ている菩薩やそれより上位の菩薩がたと同じく、ついには必ず煩悩を滅した平等のさとりを得るということである。
仏の荘厳功徳の成就を八種として示し、仏の自らを利益する功徳と他者を利益する功徳が、順に成就していることをあらわそうとしたと知るがよい。

（『現代語版浄土論』、五五～五八頁）

【浄土宗全書】

云何カ仏ノ荘厳功徳成就ヲ観スル　仏ノ荘厳功徳成就ヲ観ストハ者　八種相有　知応シ　何等カ八種ナル　一ニ者荘厳座功徳成就　二ニ者荘厳身業功徳成就　三ニ者荘厳口業功徳成就　四ニ者荘厳心業功徳成就　五ニ者荘厳大衆功徳成就　六ニ者荘厳上首功徳成就　七ニ者荘厳主功徳成就　八ニ者荘厳不虚作住持功徳成就ナリ　何レカ者荘厳座功徳成就ナル　偈ニ無量大宝王微妙浄華台ト言ヘルカ故ニ　何レカ者荘厳身業功徳成就ナル　偈ニ相好光一尋色像超群生ト言ヘルカ故ニ　何レカ者荘厳口業功徳成就ナル　偈ニ如来微妙声梵響聞十方ト言ヘルカ故ニ　何レカ者荘厳心業功徳成就ナル　偈ニ同地水火風虚空無分別ト言ヘルカ故ニ　無分別ト者分別ノ心無キカ故ニ　何レカ

者荘厳大衆功徳成就ナル　偈ニ天人不動衆清浄智海生ト言ヘルカ故ニ　何レカ者荘厳上首功徳成就ナル　偈ニ如須弥山王勝妙無過者ト言ヘルカ故ニ　何レカ者荘厳主功徳成就ナル　偈ニ天人丈夫衆恭敬繞瞻仰ト言ヘルカ故ニ　何レカ者荘厳不虚作住持功徳成就ナル　偈ニ観仏本願力遇無空過者能令速満足功徳大宝海ト言ヘルカ故ニ　**即彼ノ仏ヲ見タテマツレハ　未証浄心ノ菩薩畢竟シテ平等法身ヲ証スルコトヲ得テ浄心ノ菩薩与上地ノ諸菩薩与畢竟シテ同ク寂滅平等ヲ得カ故ニ　略シテ八句ヲ説テ　如来ノ自利利他ノ功徳荘厳次第成就シタマフコトヲ示現ス　知応シ**

『浄全』一、一九五〜一九六頁）

二、観菩薩（四種）

【浄土真宗聖典全書】

云何ガ菩薩ノ荘厳功徳成就ヲ観察スル。菩薩ノ荘厳功徳成就ヲ観察ストハ者、彼ノ菩薩ヲ観ズルニ四種ノ正修行功徳成就有リ、知ル応シ。何者ヲカ四ト為ス。一ニ者一仏土ニ於テ身動揺セ不シテ而十方ニ遍シテ、種種ニ応化シテ如実ニ修行シ、常ニ仏事ヲ作ス。偈ニ「安楽国清浄常転无垢輪化仏菩薩日如須弥住持」ト言ヘルガ故ナリ。諸ノ

衆生ノ淤泥花ヲ開クガ故ナリ。二ニ者彼ノ応化身、一切ノ時ニ前ナラ不後ナラ不、一心一念ニ大光明ヲ放チテ、悉ク能ク遍ク十方世界ニ至リテ衆生ヲ教化ス。種種ニ方便シ修行シ、作ス所一切衆生ノ苦ヲ滅除スルガ故ナリ。偈ニ「无垢荘厳光一念及一時普照諸仏会利益諸群生」ト言ヘルガ故ナリ。三ニ者彼一切世界ニ於テ余スコト无ク、諸仏ノ会ノ大衆ヲ照シテ余スコト无ク、広大无量ニ諸仏如来ノ功徳ヲ供養シ恭敬シ讃歎ス。偈ニ「雨天楽花衣妙香等供養讃諸仏功徳无有分別心」ト言ヘルガ故ナリ。四ニ者彼十方一切世界ノ三宝无キ処ニ於テ、仏法僧宝ノ功徳ノ大海ヲ住持シ荘厳シテ、遍ク示シテ如実ノ修行ヲ解《サト》ラ令ム。偈ニ「何等世界无仏法功徳宝我願皆往生示仏法如仏」ト言ヘルガ故ナリ。

（『浄聖全』一、四三九～四四〇頁）

【意訳】

どのように菩薩の荘厳功徳の成就を観察するのかというと、その国の菩薩の荘厳功徳の成就を観察するのに、四種の正しい修行の功徳の成就があると知るがよい。

四種とは何かというと、

一つには、菩薩は一つの世界にいながら、その身を動かさずに、あらゆる世界でさまざまなすがたを現し、如実に修行して、常に人々を救うはたらきをするということである。偈に「安楽国は清らかであり、あらゆる世界を照らす化身の仏・菩薩は、煩悩の汚れのない教えを常に説いていながらも、須弥山のように不動である」と示している。あらゆる人々の煩悩の泥の中にさとりの蓮の花を開かせるためである。

二つには、菩薩が現すさまざまなすがたは、いかなる時にも前後することなく、思いを同じくして時を経ず大いなる光明を放ってあらゆる世界に至るということである。人々を教え導き、さまざまな手だてを施し修行して、すべての人々の苦しみを除くためである。偈に「その身にそなわる汚れのない光が、時を経ず一斉に、広くさまざまな仏がたの説法の座を照らし、あらゆる人々に利益をもたらす」と示している。

三つには、菩薩はあらゆる世界で、仏がたの説法の座に集う聖者がたを余すところなく照らし、限りなく仏がたを供養して余すところなく敬いほめたたえるということである。偈に「うるわしい音楽、花や衣、すばらしい香りなどを降りそそいで供養し、わけへだてする心なくあらゆる仏がたの功徳をほめたたえる」と示している。

四つには、菩薩はすべての世界の、仏・法・僧の三宝のないところで、大いなる海のような三宝の功徳を身にたもちそなえ、広くすべての人々に示して、如実の修行を理解させるということである。偈に「功徳の宝である仏の教えがなければ、どのような世界であっても、わたしはそこに生れ、仏のように教えを説き示したいと願う」と示している。

（『現代語版浄土論』、五八～六〇頁）

【浄土宗全書】

云何カ菩薩ノ荘厳功徳成就ヲ観察スル　菩薩ノ荘厳功徳成就ヲ観察ストハ者　彼ノ菩薩ヲ観スルニ四種ノ正修行功徳成就有リ　知応シ　何ヲカ者四ト為ル　一ニ者一仏ノ土ニ於身動揺不シテ而十方ニ徧シ種種ニ応化シテ如実ニ修行シ常ニ仏事ヲ作ス　偈ニ「安楽国清浄常転無垢輪化仏菩薩日如須弥住持」ト言ヘルカ故ニ　諸ノ衆生ノ淤泥華ヲ開カシムルカ故　二ニ者彼ノ応化身　一切ノ時ニ前ナラ不後ナラ不一心一念ニ大光明ヲ放テ　悉能徧十方世界ニ至テ衆生ヲ教化ス　種種ノ方便修行ノ所作一切衆生ノ苦ヲ滅除スルカ故ニ　偈ニ「無垢荘厳光一念及一時普照諸仏会利益諸群生」ト言ヘルカ故ニ　三ニ者彼ノ一切ノ世界ニ於余無ク　諸仏会ノ大衆ヲ照スニ余無ク　広大無量ニ供養シ恭敬シテ諸仏如来ノ功徳ヲ讃歎ス　偈ニ「雨天楽華衣妙香等供養讃諸仏功徳無有分別心」ト言ヘルカ故ニ　四ニ者彼ノ十方一切ノ世界ノ三宝無キ処ニ於　仏法僧宝

ノ功徳大海ヲ住持シ荘厳シテ　偏示シテ解セ令メ如実ニ修行セシム　偈ニ「何等世界無仏法功徳宝我願皆往生示仏法如仏」ト言ヘルカ故ニ

（『浄全』一、一九六頁）

四、浄入願心

【浄土真宗聖典全書】

又向《サキ》ニ荘厳仏土功徳成就ト荘厳仏功徳成就ト荘厳菩薩功徳成就トヲ観察スルコトヲ説ケリ。此ノ三種ノ成就ハ、願心ヲモテ荘厳セリ、知ル応シ。略シテ一法句ニ入ルコトヲ説クガ故ナリ。一法句トイフ者、謂ク清浄句ナリ。清浄句トイフ者、謂ク真実智慧无為法身ナルガ故ナリ。此ノ清浄ニ二種有リ、知ル応シ。何等カ二種。一ニ者器世間清浄、二ニ者衆生世間清浄ナリ。器世間清浄ト者、向《サキ》ニ説クガ如キ十七種ノ荘厳仏土功徳成就ナリ。是ヲ器世間清浄ト名ク。衆生世間清浄ト者、向《サキ》ニ説クガ如キ八種ノ荘厳仏功徳成就ト四種ノ荘厳菩薩功徳成就トナリ。是ヲ衆生世間清浄ト名ク。是ノ如ク一法句ニ二種ノ清浄ノ義ヲ摂ス、知ル応シ。

（『浄聖全』一、四四〇〜四四一頁）

【意訳】

これまでに、阿弥陀仏の国土の荘厳功徳の成就と、阿弥陀仏の荘厳功徳の成就と、その国の菩薩の荘厳功徳の成就とを観察することを示した。この三種の荘厳功徳の成就は、法蔵菩薩の願いによってうるわしくととのえられたものである。

これらの荘厳功徳の成就をまとめれば、ただ一つの教えの言葉に収まるのである。ただ一つの教えの言葉とは、清浄という言葉である。清浄という言葉は、真実とそれをさとる智慧、および無為とそれをさとる法身が清浄であるということである。この清浄に二種があると知るがよい。

二種とは何かというと、一つには器世間の清浄、二つには衆生世間の清浄である。器世間の清浄とは、これまでに示した阿弥陀仏の国土の十七種の荘厳功徳の成就である。これを器世間の清浄という。

衆生世間の清浄とは、これまでに示した阿弥陀仏の八種の荘厳功徳の成就と、菩薩の四種の荘厳功徳の成就である。これを衆生世間の清浄という。

このように、ただ一つの教えの言葉に二種の清浄の意味が収まっていると知るがよい。

（『現代語版浄土論』、六〇～六一頁）

【浄土宗全書】

又向ニ説ク観察荘厳仏土功徳成就ト荘厳仏功徳成就ト荘厳菩薩功徳成就ト此ノ三種ノ成就ノ願心ヲモテ荘厳セリ　知応シ　略シテ入一法句ヲ説カ故ニ　一法句ト者　謂ク清浄句ナリ　清浄句ト者　謂ク真実智慧無為法身ナルカ故　此ノ清浄ニ二種有リ　知応シ　何等カ二種ナル　一ニ者器世間清浄　二ニ者衆生世間清浄ナリ　器世間清浄ト者　向ニ説カ如キ十七種ノ荘厳仏土功徳成就ナリ　是ヲ器世間清浄ト名　衆生世間清浄ト者　向ニ説カ如キ八種ノ荘厳仏功徳成就ト四種荘厳菩薩功徳成就トナリ　是ヲ衆生世間清浄ト名　是如ク一法句ニ二種ノ清浄ノ義ヲ摂ス　知ル応シ

（『浄全』一、一九六頁）

五、善巧摂化

【浄土真宗聖典全書】

是クノ如ク菩薩ハ、奢摩他ト毘婆舎那ヲ広略ニ修行シテ柔軟心ヲ成就シ、如実ニ広略ノ諸法ヲ知ル。是クノ如クシテ巧方便回向ヲ成就ス。何者カ菩薩ノ巧方便回向。菩薩ノ巧方便回向ト者、謂ク説ケル礼拝等ノ五種ノ修行ヲモテ集ムル所ノ一切ノ功徳善根ハ、自身住持之楽ヲ求メ不、一切衆生ノ苦ヲ抜カムト欲スルガ故ニ、一切衆生ヲ摂取シテ共ニ同ジク彼ノ安楽仏国ニ生ゼムト作願スルナリ。是ヲ菩薩ノ巧方便回向成就ト名ク。

（『浄聖全』一、四四一頁）

【意訳】

このように菩薩は、奢摩他と毘婆舎那の行を、時には十七種・八種・四種の荘厳功徳に広げて修め、また時には清浄の一つに略して修めることで、柔軟心を成就し、如実にその功徳のすべてを知る。そして、次のように巧方便回向を成就するのである。菩薩の巧方便回向とは何かというと、これまでに示した礼拝などの五念門の行を修めて得られるすべての功徳により、自身が安住できる楽しみを求めるのではなく、他のすべての人々の苦しみを除こうという思いから、すべての人々を摂め取って、みなともに浄土に生れたいという願いをおこすことである。これを菩薩の巧方便回向の成就という。

（『現代語版浄土論』、六一～六二頁）

【浄土宗全書】

是如ク菩薩　奢摩他ト毘婆舎那トノ広略修行シテ柔軟心ヲ成就スレハ　如実ニ広略ノ諸法ヲ知ル　是如シテ巧方便回向ヲ成就ス　何レカ者菩薩ノ巧方便回向ナル　菩薩ノ巧方便回向ト者　謂ク礼拝等ノ五種ノ修行ヲモテ集ル所ノ一切ノ功徳善根ヲ説テ　自身住持之楽ヲ求不　一切衆生ノ苦ヲ抜ント欲スルカ故ニ　一切衆生ヲ摂取シテ共ニ同ク彼安楽仏国ニ生セント作願ス　是ヲ菩薩ノ巧方便回向成就ト名ク

（『浄全』一、一九六～一九七頁）

六、離菩提門（離菩提障）

【浄土真宗聖典全書】

菩薩是クノ如ク善ク回向ヲ知リテ成就スレバ、即チ能ク三種ノ菩提門相違ノ法ヲ遠離ス。何等カ三種。一ニ者智恵門ニ依リテ自楽ヲ求メ不。我心ヲモテ自身ニ貪着スルコトヲ遠離スルガ故ナリ。二ニ者慈悲門ニ依リテ一切衆生ノ苦ヲ抜ク。衆生ヲ安ズルコト无キ心ヲ遠離スルガ故ナリ。三ニ者方便門ニ依リテ一切衆生ヲ憐愍スル心ナリ。自身ヲ供養シ恭敬スル心ヲ遠離スルガ故ナリ。是ヲ三種ノ菩提門相違ノ法ヲ遠離スト名ク。

（『浄聖全』一、四四一頁）

【意訳】

このように菩薩が巧方便回向をよく心得て成就したなら、さとりに至る道を閉ざす三種の心から遠く離れるのである。

三種とは何かというと、

一つには智慧によって、自らの楽しみを求めないことであり、自分自身に執着する心から遠く離れるということである。

二つには慈悲によって、すべての人々の苦しみを取り除くことであり、人々を安らかにすることのない心から遠く離れるということである。

三つには方便によって、すべての人々を慈しみ哀れむことであり、自分自身を供養し敬愛する心から遠く離れるということである。

これを、さとりに至る道を閉ざす三種の心から遠く離れるという。

（『現代語版浄土論』、六二～六三頁）

【浄土宗全書】

菩薩是如ク善ク回向成就を知レハ　即能三種ノ菩提門相違ノ法ヲ遠離ス　何等カ三種

ナル　一ニ者智慧門ニ依テ自楽ヲ求不　我心自身ニ貪着スルヲ遠離スルカ故ニ　二ニ者慈悲門ニ依テ一切衆生ノ苦ヲ抜テ衆生ヲ安スルコト無キ心ヲ遠離スルカ故ニ　三ニ者方便門ニ依テ一切衆生ヲ憐愍スル心　自身ヲ供養シ恭敬スル心ヲ遠離スルカ故ニ是ヲ三種ノ菩提門相違ノ法ヲ遠離スト名

（『浄全』一、一九七頁）

七、順菩提門

【浄土真宗聖典全書】

菩薩ハ是クノ如キ三種ノ菩提門相違ノ法ヲ遠離シテ、三種ノ菩提門ニ随順スル法ノ満足ヲ得ルガ故ナリ。何等カ三種。一ニ者无染清浄心ナリ。自身ノ為ニ諸楽ヲ求メ不ルヲ以テノ故ナリ。二ニ者安清浄心ナリ。一切衆生ノ苦ヲ抜クヲ以テノ故ナリ。三ニ者楽清浄心ナリ。一切衆生ヲシテ大菩提ヲ得令ムルヲ以テノ故ナリ。衆生ヲ摂取シテ彼ノ国土ニ生ゼシムルヲ以テノ故ナリ。是ヲ三種ノ菩提門ニ随順スル法ノ満足ト名ク、知ル応シ。

（『浄聖全』一、四四一～四四二頁）

【意訳】

菩薩は、このようなさとりに至る道を閉ざす三種の心から遠く離れ、さとりに至る道を開く三種の心をまどかにそなえるのである。

三種とは何かというと、

一つには無染清浄心である。自分自身のためにさまざまな楽しみを求めないということである。

二つには安清浄心である。すべての人々の苦しみを取り除くということである。

三つには楽清浄心である。すべての人々に大いなるさとりを得させるために、人々を摂め取って阿弥陀仏の浄土に生れさせるということである。

これを、さとりに至る道を開く三種の心をまどかにそなえるというと知るがよい。

（『現代語版浄土論』、六三頁）

【浄土宗全書】

菩薩是如ノ三種ノ菩提門相違ノ法ヲ遠離シテ　三種ノ随順菩提門ノ法満足スルコトヲ得ルカ故ニ　何等カ三種ナル　一ニ者無染清浄心　自身ノ為ニ諸楽ヲ求不ルヲ以ノ故ニ　二ニ者安清浄心　一切衆生ノ苦ヲ抜ヲ以ノ故ニ　三ニ者楽清浄心　一切衆生ヲシ

テ大菩提ヲ得令ルヲ以ノ故ニ　衆生ヲ摂取シテ彼ノ国土ニ生セシムルヲ以ノ故ニ　是ヲ三種ノ随順菩提門ノ法満足スト名ク　知応シ

（『浄全』一、一九七頁）

八、名義摂対

【浄土真宗聖典全書】

向《サキ》ニ説ク智恵ト慈悲ト方便トノ三種ノ門ハ般若ヲ摂取シ、般若ハ方便ヲ摂取ス、知ル応シ。向《サキ》ニ我心ヲ遠離シテ自身ニ貪着セ不ルト、衆生ヲ安ズルコト無キ心ヲ遠離スルト、自身ヲ供養シ恭敬スル心ヲ遠離スルトヲ　説ケリ。此ノ三種ノ法ハ菩提ヲ障フル心ヲ遠離ス、知ル応シ。向《サキ》ニ无染清浄心・安清浄心・楽清浄心ヲ説ケリ。此ノ三種ノ心ハ一処ニ略シテ妙楽勝真心ヲ成就ス、知ル応シ。

（『浄聖全』一、四四二頁）

【意訳】

これまでに示した智慧・慈悲・方便の三種の心は、すべてをわけへだてることのない般若に摂まり、その般若は巧みな手だてである方便に摂まると知るがよい。

これまでに、自分自身に執着する心から遠く離れる、人々を安らかにすることのない心から遠く離れる、自分自身を供養し敬愛する心から遠く離れるということを示した。この三種は、さとりを妨げる心から遠く離れることであると知るがよい。

これまでに、無染清浄心、安清浄心、楽清浄心を示した。この三種の心は、一つにまとまり妙楽勝真心を成就すると知るがよい。

（『現代語版浄土論』、六四頁）

【浄土宗全書】

向ニ説ク智慧ト慈悲ト方便ノ三種ノ門ハ般若ヲ摂取　般若ハ方便ヲ摂取ス　知応シ

向ニ説ク遠離我心不貪着自身ト遠離無安衆生心ト遠離供養恭敬自身心ト　此ノ三種ノ法ハ菩提ヲ障ル心ヲ遠離ス　知応シ　向ニ説ク無染清浄心ト安清浄心ト楽清浄心ト

此ノ三種ノ心ヲ一処ニ略シテ妙楽勝真心ヲ成就ス　知応シ

（『浄全』一、一九七頁）

九、願事成就

【浄土真宗聖典全書】

是クノ如ク菩薩ハ智恵心、方便心、无障心、勝真心ヲモテ能ク清浄ノ仏国土ニ生ズ、知ル応シ。是ヲ菩薩摩訶薩五種ノ法門ニ随順シ、所作意ニ随ヒテ自在ニ成就スト名ク。向《サキ》ノ所説ノ如キ身業・口業・意業・智業・方便智業ハ、法門ニ随順スルガ故ナリ。

（『浄聖全』一、四四二頁）

【意訳】

このように菩薩は、智慧心であり、方便心であり、無障心であり、妙楽勝真心である心をもって、清らかな阿弥陀仏の国土に生れることができると知るがよい。これを菩薩が五念門の行にしたがい、自由自在のはたらきを成就するという。これまでに示したように、礼拝・讃嘆・作願・観察・回向の行は、真実の教えにしたがっているからである。

（『現代語版浄土論』、六四～六五頁）

【浄土宗全書】

是如ク菩薩智慧心ト方便心ト無障心ト勝真心トヲモテ能ク清浄ノ仏国土ニ生　知応シ
是ヲ菩薩摩訶薩五種ノ法門ニ随順シテ作ス所意ニ随テ自在ニ成就スト名ク　向ニ説ク
所ノ如キ身業口業意業智業方便智業ハ随順ノ法門ナルカ故ニ

十、利行満足

【浄土真宗聖典全書】

（『浄全』一、一九七頁）

復五種ノ門有リテ漸次ニ五種ノ功徳ヲ成就ス、知ル応シ。何者カ五門。一ニ者近門、二ニ者大会衆門、三ニ者宅門、四ニ者屋門、五ニ者園林遊戯地門ナリ。此ノ五種ノ門ハ、初ノ四種ノ門ハ入ノ功徳ヲ成就シ、第五門ハ出ノ功徳ヲ成就ス。入第一門ト者、阿弥陀仏ヲ礼拝シ、彼ノ国ニ生ゼムト為スヲ以テノ故ニ、安楽世界ニ生ズルコトヲ得。是ヲ入第一門ト名ク。入第二門ト者、阿弥陀仏ヲ讃歎シ、名義ニ随順シテ如来ノ名ヲ称シ、如来ノ光明智相ニ依リテ修行スルヲ以テノ故ニ、大会衆ノ数ニ入ルコトヲ得。是ヲ入第二門ト名ク。入第三門ト者、一心専念ニ彼ニ生ゼムト作願シ、奢摩他寂静三昧ノ行ヲ修スルヲ以テノ故ニ、蓮華蔵世界ニ入ルコトヲ得。是ヲ入第三門ト名ク。入第四門ト者、専念ニ彼ノ妙荘厳ヲ観察シ毘婆舎那ヲ修スルヲ以テノ故ニ、彼ノ所ニ到リテ種種ノ法味楽ヲ受用スルコトヲ得。是ヲ入第四門ト名ク。出第五門ト者、大慈悲ヲ以テ一切苦悩ノ衆生ヲ観察シテ、応化身ヲ示シテ、生死ノ園、煩悩ノ林ノ中ニ回入シテ遊戯シ、神通ヲモテ教化地ニ至ル。本願力ノ回向ヲ以テノ故ナリ。是ヲ出第五門ト名ク。菩薩ハ入ノ四種ノ門ヲモテ自利ノ行成就ス、知ル応シ。菩薩ハ出ノ第五門ノ回向ヲモテ利益他ノ行成就ス、知ル応シ。菩薩ハ是クノ如ク五門ノ行ヲ修シテ自利利他ス。速ニ阿耨多羅三藐三菩提ヲ成就スルコトヲ得ル故ナリ。

（『浄聖全』一、四四二〜四四三頁）

【意訳】

また五種の門があり、次第に五種の功徳を成就すると知るがよい。五種の門とは何かというと、一つには近門、二つには大会衆門、三つには宅門、四つには屋門、五つには園林遊戯地門である。この五種の門のなか、はじめの四種の門は浄土に入ることで自利の功徳を成就し、第五の門は浄土から出ることで利他の功徳を成就する。

第一の門に入るとは、阿弥陀仏を礼拝することにより、その国に生れようとするから、安楽国に生れることができるのである。これを第一の近門に入るという。

第二の門に入るとは、その名のいわれの通りに阿弥陀仏を讃嘆し、その光明という智慧の相の通りに名を称《たた》えることにより、相応を修めようとするから、阿弥陀仏の説法の座の聴衆に連なることができるのである。これを第二の大会衆門に入るという。第三の門に入るとは、一心にもっぱらその国に生れたいと願うことにより、奢摩他という寂静三昧の行を修めようとするから、蓮華蔵世界に入ることができるのである。これを第三の宅門に入るという。

第四の門に入るとは、もっぱら安楽国のすぐれたすがたを念じ観察することにより、毘婆舎那を修めようとするから、阿弥陀仏の所《みもと》に到り、さまざまな教えを味わう楽しみを受けることができるのである。これを第四の屋門に入るという。

第五の門を出るとは、大いなる慈悲の心から、苦しみ悩むすべての人々を観察して救うためのさまざまなすがたを現し、煩悩に満ちた迷いの世界の中に入り、神通力を用いて思いのままに人々を教え導く場に至るのである。これは、菩薩の本願のはたらきの回向によるからである。これを第五の園林遊戯地門を出るという。

菩薩は四種の門に入ることにより自利の行を成就すると知るがよい。また、菩薩は第五の門を出ることにより利他の行である回向を成就すると知るがよい。

菩薩は、このように五種の門を修めて自利と利他を行じるのである。速やかにこの上ないさとりを成就することができるからである。

（『現代語版浄土論』、六五～六七頁）

【浄土宗全書】

復五種ノ門有テ漸次ニ五種ノ功徳ヲ成就ス　知応シ　何レカ者五門ナル　一ニ者近門二ニ者大会衆門　三ニ者宅門　四ニ者屋門　五ニ者園林遊戯地門ナリ　此ノ五種ノ門初ノ四種ノ門ハ入ノ功徳ヲ成就シ　第五ノ門ハ出ノ功徳ヲ成就ス　入ノ第一門ト者阿弥陀仏ヲ礼拝シタテマツリ　彼ノ国ニ生セント為ヲ以ノ故ニ　安楽世界ニ生スルコトヲ得　是ヲ入ノ第一門ト名　入ノ第二門ト者　阿弥陀仏ヲ讃歎シタテマツリ　名義ニ随順シテ如来ノ名ヲ称シ　如来ノ光明智相ニ依テ修行スルヲ以ノ故ニ　大会衆ノ数ニ入ルコトヲ得　是ヲ入ノ第二門ト名　入ノ第三門ト者　一心専念ニ彼ニ生ント作願シテ奢摩他寂静三昧ノ行ヲ修スルヲ以ノ故ニ　蓮華蔵世界ニ入ルコトヲ得　是ヲ入ノ第三門ト名ク　入ノ第四門ト者　専念ニ彼ノ妙荘厳ヲ観察シテ　毘婆舎那ヲ修スルヲ以ノ故ニ　彼ノ処ニ到テ種種ノ法味ノ楽ヲ受用スルコトヲ得　是ヲ入ノ第四門ト名ク出第五門ト者　大慈悲ヲ以一切ノ苦悩ノ衆生ヲ観察シテ　応化身ヲ示シテ　生死ノ園煩悩ノ林中ニ回入シ遊戯神通ヲモテ教化地ニ至ル　本願力ヲ以回向スルカ故ニ　是ヲ出ノ第五門ト名ク　菩薩　入ノ四種ノ門ヲモテ自利ノ行成就ス　知応シ　菩薩　出ノ

第五門ノ回向ヲモテ利益他ノ行成就ス　知応シ菩薩　是如ク五念門ノ行ヲ修シテ自利利他シテ速ニ阿耨多羅三藐三菩提ヲ成就スルコトヲ得ルカ故ニ

（『浄全』一、一九七〜一九八頁）

二、総結

【浄土真宗聖典全書】

无量寿修多羅優婆提舎願生偈、略シテ義ヲ解シ竟リヌ。

（『浄聖全』一、四四三頁）

【意訳】

無量寿経優婆提舎願生偈の内容について、その大意を解説し終えた。

（『現代語版浄土論』、六七頁）

【浄土宗全書】

無量寿修多羅優婆提舎願生偈　略シテ義ヲ解シ竟ヌ

（『浄全』一、一九八頁）

第二講

（一）浄土宗の教義

すでに見てきたように、浄土宗（鎮西流）では、同じ漢文の『浄土論』であっても「出第五門」の「以本願力回向」のように、真宗とは異なった解釈で読み下している。その違う解釈による訓読と宗祖の読み下し文とを比較することにより、『浄土論』に示される絶対他力義を明らかにすることができよう。そこで、『浄土論』を読み進める前に現在の浄土宗の教義を概観しておきたい。

浄土宗では、一九八四年から翌年にかけて浄土宗僧侶の必読書として同朋舎出版より『浄土宗選集』（聖典篇・教義篇・法話篇）全十八巻を出版している。その第一巻に『浄土論』と『論註』の読み下し文が、『往生論』と『往生論註』の題名で載っている。そして、その書の冒頭に「『浄土宗選集』の刊行を慶ぶ」と題した藤井實應浄土門主の推薦文があり、次のように結んでいる。

宗祖法然上人の正流伝統を明らかにせられた近代の高僧にして、宗乗宗学の上に、また布教伝道の上に大なる足跡を残し、後々までの法燈を輝かせし古典ともなるべき書を選び、現代の教学布教の先頭に立って活躍中の人々の解説によって編輯発刊されることとなった。中には、現在求めても得られない書が多く、まことによろこびに堪えない。

伝統を重んじ開顕を志す念佛者、自信教人信をひたすらに願う人々に、道俗時衆等有縁の人々に、この『浄土宗選集』を推薦申し上げる次第である。

発刊の一九八五年からすでに四十年近く経っている。しかし、現在でも浄土宗僧侶の必読書であることは、インターネット上の『WEB版新纂浄土宗大辞典』（最終更新日時　二〇一八年三月三〇日六時二五分）に次のように記されることで明らかである。

浄土宗選集

浄土宗選集編集委員会編。一八巻。昭和五九年（一九八四）から同六〇年にかけ同朋舎出版より刊行。浄土宗関連の典籍などを収録したもの。本集は大きく分けて、聖典篇（第一～四巻）、教義篇（第五～七巻）、法話篇（第八～一八巻）の三篇からなる。聖典篇では、「浄土三部経」

や『観経疏』などの聖典の文を、訓み下し文にしてルビを付している。教義篇では、絶版などで入手困難な典籍を選び、浄土宗僧侶が自信教人信する上で必読の書を収録したという。法話篇では、江戸末期から昭和までの布教に関する講話や一般説教を収録したとする。各巻に解題を付す。平成二一年（二〇〇九）より同朋舎メディアプランからオンデマンド版が復刊された。

【執筆者：角野玄樹】

したがって、『浄土宗選集』に記載されている教義内容は、現在の浄土宗の公式見解として捉えてよいと思う。その書の第五巻「教義篇」に、「浄土教概論」並びに「法然上人とその門下の教義」と題する望月信亨博士（一八六九～一九四八）の論文が載っている。望月博士は、『望月仏教大辞典』の編集刊行で有名ではあるが、浄土宗総本山知恩院第八十二世門跡でもあった。この望月博士の説が浄土宗の公式見解であるので、それによって浄土宗教義の基準とする。

望月博士は、同書の「浄土教概論」の「第十五章　選択本願念佛説」で「法然の主張」の小見出しを付け、次のように述べる。

法然房源空は日本浄土宗の開祖である。彼は主として善導の説によって安心起行作業の方規を遵守し、特に自ら選択本願念佛の義を唱道し、余善諸行は彌陀の本願に誓われた生因の行でないから、すべてこれを廃捨すべく、称名念佛はかの佛が選択摂取して衆生往生の正因と定められた行であるから、この一行をもっぱらにすべしとなし、すなわち従来諸家の雑行雑修に対し、一向専修の緊要なることを強調したのである。

（『浄土宗選集』第五巻、一四九〜一五〇頁）

筆者の引いた傍線部分で明らかなように、浄土宗では称名正因説を主張する。その上で「第十六章　諸行生不の問題と諸行本願説」の「法然の説」で次のように述べる。

法然は余善諸行をもって非本願の行としたけれど、なおそれが往生の行たることを認めた。『選択本願念佛集』に、修するものは、必ず廻向を用うる時、往生の因となるといい、またたとい余の行なくとも、あるいは一、あるいは多、その堪うる所に随って十三観を修せば往生を得べし。その旨経に見えたり。敢えて疑慮することなかれといい、また『無量寿経釈』に三輩の文を釈し、善導の意に依って斯文を案ずるに、但念佛往生、助念佛往生、但諸行往生の三意ありといっているごとき、みな余善諸行の往生を肯定したものなるを知るべきである。

（『浄土宗選集』第五巻、一六〇～一六一頁）

このように、称名行は往生の正因ではあるが、諸行の往生も認めるとして、宗祖法然の説を論じ、さらに第二祖聖光房弁長（一一六二～一二三八）と第三祖良忠（一一九九～一二八七）の二類各生義を「聖光、良忠の二類各生義」の項にて展開する。少し長い文章であるが、二類各生義の論法がよくわかるので、項の全文を引用することにしたい。文中に引いた傍線の部分は、筆者が注目しているところである。

鎮西聖光は念佛諸行ともに報土に生ずとし、かつ報土の中に九品の別があることを認めた。かの著『浄土宗要集』第二に、極楽は彌陀本願所成の土にして、無漏清浄の定地なるも、修因は定散諸善を漏らさず、一切往生の処なりといい、また良忠の『浄土宗要集』第三には広く諸行往生の問題を論じ、三経一論五部九巻の中に諸行往生を説いた文献のはなはだ多きことを指摘し、かつ善の体はもと真善妙有のものであるから、もし上根のものがこれを修すれば、すなわち佛果を成ずることもできる。まして浄土往生がそれによって得られぬという道理はないといい、またかの『選択伝弘決疑鈔』第二に、雑行の機も至心にして三心を具すれば報土に生ずとし、三心は往生の正因にして、念佛諸行に通ずる安心であるから、諸行の機もこれを具すればすなわち往生が得らるべきことを論証している。けだし良忠等は第十八願を念佛生因の願となし、第十九願を来迎、第二十願を果遂の願と名づけ、諸行を非本願の行とするのであるけれど、諸行の機が毫も他力を仮らず、ただその修善のみによって報土得生ができるとするのではない。すなわち良忠は諸行は非本願の行なるも、その機は摂機の願に乗じて業を成じ、もって往生を得るのだとし、摂機願力の説を唱道したのである。『選択伝弘決疑鈔』第二に浄土往生の機に三類あり、一に断証の機は自らその心を浄めて能く浄土に生じ、二に諸行の機は摂機の願に乗じ、業を成じて往生し、三に念佛の機は生因の願に乗じ、往生す。この中、断証の機は自ら二空の妙理を証してもって真智所変の浄土を感ず、故に他佛の本願の勝縁を仮らず。諸行の機は進んでいまだ人法二執を断ぜず、退いてはいまだ生因の本願に乗ぜず、かの佛の摂凡夫の願に摂せられて、すなわち往生を得る。念佛の機は劣なれば、もし生因の本願に乗ぜざれば、行業も往生も倶に成就し難し。故に必ず念佛に由って、まさに往生を得るのだといっているのが、すなわちその説である。摂凡夫の願とは、総じて凡夫の行業を成じ、もって往生を得しむる願力をいうので、すなわち『観経』のいわゆる如来の宿願力を指すのである。良忠はかの『群疑論』に地前五乗の人が本願力によって報土に生ずることを明かし、その下に阿彌陀佛は他受用身にして、地前の能く観見する所にあらざるも、『観経』にかの如来の宿願力の故に憶想するものあれば必ず成就することを得と説くにより、宿願力に乗じて受用身を観見し、また宿願力に乗じて受用土に生ずという の文を引き、経はただ定善の観成に限るに似たるも、釈は広く五乗の往生を証成しているのであるから、この宿願力なるものは、すなわち五乗の機を摂する摂機の願を指すのであるといい、諸行の機はこの願に摂せられてその業を成じ、もって往生を得るのだと論じている。すなわち諸行は所修の行体につかば、もと真善妙有のものであるから、浄土の因となることを妨ぐべきでなく、能修の人につかば、摂機の願に摂せられる義あるから、非本願の行であっても往生は可能であるとしたのである。

（『浄土宗選集』第五巻、一六三～一六五頁）

『観経』の宿願力については、真宗でも『浄土真宗聖典―註釈版 第二版―』（二〇〇四年、本願寺出版社〈『註釈版聖典』と以下略〉）に、「阿弥陀仏が法蔵菩薩といわれた因位の時に衆生救済のためにおこした本願の力」（一〇七頁脚注）と記している。つまり、阿弥陀如来の本願力のことであるとする。

この『観経』の文は、第十三雑想観の文であり、真宗の訓読では次の通りである。

佛阿難及ビ韋提希ニ告ゲタマハク、若シ心ヲ至シテ西方ニ生ゼムト欲セバ者、先ヅ當ニ於一ノ丈六ノ像ノ池水ノ上ニ在ルヲ觀ズベシ。先ノ所說ノ如キ無量壽佛ノ身量ハ無邊ニシテ、是凡夫ノ心力ノ及ブ所ニ非ズ。然ニ彼ノ如來ノ宿願力ノ故ニ、憶想スルコト有レバ者必ズ成就スルコトヲ得。但佛像ヲ想フスラ無量ノ福ヲ得。何ニ況ヤ佛ノ具足セル身相ヲ觀ズルヲヤ。阿彌陀佛ハ神通如意ニシテ、十方ノ國ニ於テ變現自在ナリ。或イハ大身ヲ現ジタマヒテ虛空ノ中ニ滿チ、或イハ小身ヲ現ジタマヒテ丈六八尺ナリ。所現之形ハ皆眞金色ナリ。圓光ノ化佛及ビ寶蓮華ハ上ノ所說ノ如シ。觀世音菩薩及ビ大勢至、一切處ニ於テ身同ジ。衆生但首相ヲ觀テ、是觀世音ナリト知リ、是大勢至ナリト知ル。此ノ二菩薩阿彌陀佛ヲ助ケテ普ク一切ヲ化シタマフ。是ヲ雜想觀ト爲シ、第十三ノ觀ト名クト。

（『浄聖全』一、九一～九二頁）

『浄土宗全書』第一巻四六頁の『観経』の訓読もほぼ同じである。ちなみに、この文中の傍線部分を善導大師は『観経疏』「定善義」で次のように釈している。

「然彼如來」從リ下「必得成就」ニ至ル已來タハ、正シク凡心狹小ニシテ、聖量彌ヨ寬ク、想ヲ注《トド》ムルニ由無シ、成就シ難キコトヲ恐レタマフコトヲ明ス。斯乃チ小ヲ以テノ故ニ成ジ難キニ不ズ、大ニ由ルガ故ニ現ゼ不ルニ不ズ。直是彌陀ノ願重クシテ、想者ヲシテ皆成ゼ使ムルコトヲ致ス。

（『浄聖全』一、七五五頁）

浄土宗の訓読では、文中の「恐」を「オソラクハ」と読むが、内容的にはほぼ変わらない。以上のように、浄土宗では、三心を具していれば称名の行のみではなく、諸行が往生の因となるとする。そこで、念仏行者の安心である三心と生活規範である作業を望月博士は、「法然上人とその門下の教義」の「法然上人の教義」の冒頭、

法然上人は日本浄土宗の元祖であって、もっぱら浄土往生の法を弘め、「往生の業には念仏を先となす」といい、一向専修の宗風を鼓吹したのである。

（『浄土宗選集』第五巻、二二一頁）

と述べて、次のように結論している。

上人はかくのごとく起行の上においては廃立を立て、ただ称名の一行を専修すべきことを説き、善導の行状といささか異なる点があるのであるが、安心および作業に関しては全く善導の説を踏襲し、至誠等の三心をおこし、無間無余等の四修を遵法せねばならぬとした。三心の解釈に関しては上人門下の間に種々の異説生じ、ついに諸派の対立をみるに至ったのであるが、上人自身としては内外相応のいつわらざる心を至誠心とし、彌陀の本願を信じ、また称名が本願正因の行たることを信ずる（就行立信）を深心とし、諸作の善根をめぐらして正しく浄土に往生せんと願ずるを廻向発願心とするのである。

（『浄土宗選集』第五巻、二二九～二三〇頁）

この筆者の引いた傍線部分には、『観経』で示される至誠心・深心・回向発願心の三心をおこすことと、恭敬修・無余修・無間修・長時修の四修を守ることが浄土往生に必要不可欠であることが強調されている。真宗では、『観経』の三心を隠顕にて解釈するのであるが、浄土宗ではすべて自力で解釈している。それが、真宗との最も大きな違いである。同書では三心が自力であることを、さらに続けて、法然聖人が記したと伝わる『浄土宗略抄』によって三心の内容を詳述する。

そのなか、至誠心に関し『浄土宗略抄』に至誠心とは真実の心をいうなりとし、「真実というは、身に振るまい、口に言い、心に思わんことも、内むなしくして外をかざる心なきをいうなり、詮じてはまことに穢土をいとい、浄土をねがいて、外相と内心と相応すべきなり。外にはかしこき相を現じ、内には悪をつくり、外には精進の相を現じて、内には懈怠なることなかれという意なり」といい、真実心に住し、つねに人目を飾らず内外相応するを至誠心と名づけている。そは隆寛、証空らが自力をはげむ虚仮雑悪の行となし、佛の他力の真実に帰するを真実心というのに異なる点である。

（『浄土宗選集』第五巻、二三〇頁）

当然、真宗義とも全く異なる。続いて深心を解説する。

次に深心に関し『浄土宗略抄』には、「深く信ずる心なり。これに二つあり、一には、決定して、わが身はこれ煩悩具足せる罪悪生死の凡夫なり。（中略）出離の縁なしとふかく信ずべし（信機）。二には、深くかの阿彌陀佛、四十八願をもって摂取したもう。すなわち名号をとなえること、下十声に至るまで、かの佛の願力に乗じてさだめて往生を得と信じて、乃至一念も疑うなきが故に深心と名づく」といっている。

（『浄土宗選集』第五巻、二三〇頁）

真宗では、善導大師の『観経疏散善義』の文、「深信（中略）無有出離之縁」を「深く（中略）出離の縁有ること無しと信ず」と訓読するのに対し、浄土宗では、「（中略）出離の縁なしとふかく信ずべし」と自力の信であることを強調し、阿弥陀仏の本願力を助けとした称名こそが往生可能な行であることを疑わないのが深心であるとする。先に掲げた文の傍線部分「また称名が本願正因の行たることを信ずる（就行立信）を深心とし」が示すように、この称名によって浄土往生ができると信じることが浄土宗での要である。それを、望月博士は三心すべてを説明した後の文章で、法然聖人の『一枚起請文』を証拠に次のように断定する。

『一枚起請文』には、「三心四修と申すことの候は、みな決定して南無阿弥陀仏と申して往生するぞと思ううちにこもり候なり」といっているのは、これは三心と四修というも、結局、決定深心に帰すべきことを明らかにしたもので、すなわち上人が就行立信を浄土往生の最要件としたのであることを知る。

（『浄土宗選集』第五巻、二三一〜二三二頁）

そこで、三心の最後の回向発願心であるが、行者の自力回向心であるとし、三心釈は善導説を遵守したものであるという。

また廻向発願心に関し『浄土宗略抄』に「過去および今生の身口意業に修するところの世出世の善根、および他の一切の凡聖の、身口意業に修するところの世出世の善根に随喜（中略）の功徳を、みなことごとく極楽に廻向して往生を願うなり。（中略）詮ずるところ、往生を願うより外に異なることをば願わまじきなり」といい、その下に「かように申し立つる時は、別別にして事事しきようなれども、意得《こころえ》とけばやすく具しぬべき心なり。詮じてはまことの心ありて、深く佛の誓いをたのみて往生を願わんずる心なり」といっているが、これによると上人の三心釈は一つに善導の説を遵守したものなることを知るのである。

（『浄土宗選集』第五巻、二三〇〜二三一頁）

なお、作業についても称名を中心に理解をしていることが次の文章で明らかである。

また、四修の作業に関しても、上人は善導の説を守り、もっぱら称名の一行を修し、一期不退に相続すべきであることを教えている。一行を専修するは、四修の中の無余修であり、相続不断は無間修である。一期不退は長時修である。ただし、善導は余善諸行を雑修せず、もっぱら礼拝等の五種の行を修するを無余修とするけれども、上人は選択本願の意趣により、ただ称名の一行を専修するのを無余修とし、いわゆる一向専修の宗風を宣揚し、ここに無余修の真の意味を発揮されたのである。また無間修、長時修の二つを遵守したことは、上人自ら日課として毎日念佛六、七万をとなえ、また人には数遍の相続を勧めたことにより知られるのである。

（『浄土宗選集』第五巻、二三二頁）

以上、大雑把に浄土宗の教義を概観したのであるが、回向については、後の講義で詳細に真宗と比較していくこととする。

（二）真宗の鎮西義解釈

第二講の最後に本願寺派の泰巌（一七一一〜一七六三）が、江戸中期の一七五七（宝暦七）年に講述した鎮西義・西山義・真宗義に対する安心の解説書である『西鎮今家安心説』の鎮西義の部分をあげておく。

原文は漢文なので可能な限り漢字を残して訓読したが、原文を必要とする場合には『真宗全書』六二巻（初版は〈一九一三年、蔵経書院〉、復刻は〈一九七六年、図書刊行会〉）または、『新編真宗全書』（一九七六年、思文閣）に当たってほしい。

黒谷門下ノ流派ノ區分。所立ノ義ハ異ナル。其ノ中ノ最大者三ナリ。曰ク鎭西。曰ク西山。曰ク今家ナリ。

其レ鎭西ハ乃チ二類往生義ナリ。謂ク。彌陀ノ第十八願ハ。念佛ヲ以テ生因ト爲ス。然レバ諸行ノ機類ハ。亦所修ノ善ヲ迴向シテ彼ノ國ニ生ゼント願ズ。則チ其ノ所迴ノ善ハ本願ノ行ニ非ズ。而テ第十九・第二十願ノ益ハ諸行ノ機ヲ攝シテ。往生ヲ得令ムル也。念佛ハ是レ本願ノ行ナリ。諸行ハ本願ノ行ニ非ザルナリ。願ト非願與《ト》ハ。其ノ義ハ同ジカラ不《ズ》。而テ至心ニ修スレ者《バ》。並テ報土ノ往生ヲ得トス矣。其ノ往生ノ正因ハ乃チ安心・起行・作業而已《ナラクノミ》。安心ヲ發スト雖モ。若シ起行ヲ闕ケバ。則チ信行ハ具セ不ル故ニ往生ヲ得不《ズ》。故ニ念佛ノ行者ハ。三心ヲ發起シ。口ニ名號ヲ稱ヘテ。以テ生因ヲ成ジ。諸行ノ機類ハ。三心ヲ發起シ。三業ハ善ヲ修シテ。生因ニ迴向ス。

其ノ三心ト者《ハ》。

一者至誠心。謂ク。厭離欣淨ノ心ハ骨髓ニ徹底シ。至誠ノ眞實ハ虚假ヲ離ル也。

二者深心。謂ク。彌陀ノ願力ノ名號ノ功德ハ。諸ノ凡夫ヲシテ順次ノ往生ノ大益ヲ得セ令メント深信シ。疑心有ルコト無シ焉。異學・異見・別解・別行ノ人ノ爲之傾動破壞スル所ナラ不ル也。

三者迴向發願心。謂ク。所修ノ念佛或ハ三業ノ諸善ハ生因ニ迴向シ。發願シテ生ゼント欲スル也。

此レ乃チ『觀經』ノ所說ナリ。而テ『大經』ノ三信ハ亦同ジ而已《ナラクノミ》。

其ノ起行ト者《ハ》。謂ク。『論』ニ明ス所ノ五念門ナリ。而テ或ハ念佛或ハ餘行。以テ生因ノ行ト爲ス。乃チ迴向發願心也。此ノ如ク三心・起行ノ具足ハ。畢命ヲ期ト爲テ。退轉有ルコト無シ。則チ命終ノ時ニ臨ミテ。佛ノ來迎ヲ得。心ハ錯亂セ不《ズ》シテ。正念ニ往生ス。之レ安心・起行・作業具足ノ行人ト謂フ也。然レバ其ノ稱名ニハ勤惰有リ。修善ニハ淺深有リ。故ニ詣ル所ノ淨土ニモ亦九品ノ差別有ル而已《ナラクノミ》。若シ一旦三心ヲ發シテ起行ヲ修シ。而ル後ニ退轉有リテ相續能ハ不レバ。則チ作業ヲ闕ク。故ニ往生ヲ得不ル也。

其ノ作業ト者《ハ》。謂ク四修也。

一者恭敬修。謂ク。彼ノ佛及ビ彼ノ一切ノ聖衆等ヲ恭敬シ禮拜スル也。

二者無餘修。謂ク。專ラ彼ノ佛名ヲ稱シ。彼ノ佛及ビ一切ノ聖衆等ヲ、專ラ念ジ、專ラ想ヒ、專ラ禮讚シ。餘業ヲ雜ヘ不ル也。

三者無間修。謂ク。相續ハ恭敬・禮拜・稱名・讚歎・憶念・觀察・迴向・發願ナリ。心心ニ相續シ。餘業ヲ以テ來間セ不ル也。又貪瞋煩惱ヲ以テ來間セ不《ズ》。隨犯隨懺ナリ。念ヲ隔テ時ヲ隔テ日ヲ隔テ令メ不《ズ》シテ。常ニ清淨セ使ムル也。

四者長時修。謂ク。上ノ三修ハ。畢命ヲ期ト爲ス。誓ヒテ中止セ不《ズ》。


（『新編真宗全書』教義編一八巻、三九八頁）

第三講

（一）真実の証

さて、『浄土論』の文言の一々について宗祖義を窺わねばならぬところではあるが、すでに序において述べたように、時間の都合上「証文類」によって『浄土論』『論註』に説かれる浄土の証、すなわち真実の証を窺うのみとしたい。

宗祖は本典「証文類」の初めに、往相回向の真実の証とはどのようなものであるかを述べられる。次にその文を掲げるが、先にも記したように、今後も必要が無いかぎり書き下して掲げるものとする。なお、底本にある漢字や字体、振り仮名、送り仮名はそのまま使うが、送り仮名と振り仮名は読みやすさを優先して、前後の文脈の関係と原文の字体によって、ルビにすることもあれば、そうでないこともあり、一定したものとはしていない。

「証文類」

謹テ眞實證ヲ顯サ者《バ》、則是利他圓滿之妙位、无上涅槃之極果也。即是必至滅度之願於《ヨリ》出タリ

（『浄聖全』二、一三三頁）

ここに宗祖が明かされた証とは、「利他圓滿之妙位」という「浄土の仮名人」の階位である。「浄土の仮名人」とは、阿弥陀如来が建立された安楽浄土の仏のことであるが、仏とは、自力聖道門では「自利利他円満の位」である。それを宗祖は、本願力回向の証であるが故に、「利他円満の位」であるとされる。すなわち、自力無功の凡夫が本願力回向によって利他円満の仏と成らせていただいたのが、「浄土の仮名人」である。

そこで、「証文類」を味わう前提として、「浄土の仮名人」についての『論註』の文を示しておくことにする。

曇鸞和尚は、『論註』で『浄土論』の「願生安樂國」の偈の一句を次のように解説される。その部分を宗祖が八十四歳の時に加点された『浄土論註』の影印版（『親鸞聖人眞蹟集成』第七巻〈一九七三年、法藏館〉所収）を訓読して掲げよう。なお、この加点本は『浄土真宗聖典全書（三）宗祖篇下』（『浄聖全』三と以下略）に『往生論註（親鸞聖人加点）』の標題で活字化されたものが

あるので、以下は参照の便宜をはかり、その頁で出しておく。

『宗祖加点本』

願生安樂國者此《ハ》ノ一句ハ是作願門ナリ　天親菩薩ノ歸命之意也、其レ安樂ノ義ハ具ニ下ノ觀察門ノ中ニ在リ　問曰・大乘経論ノ中ニ處處ニ衆生ハ畢竟无生ニシテ虚空ノ如ト説ケリ　云-何ソ天親菩薩・願生ト言タマフ耶《ヤ》　荅曰・衆生无生ニシテ虚空ノ如説クニ二種有リ　一者・凡夫ノ如キ謂所《イハユル》實ノ衆生・凡夫ノ見ル所ノ實ノ生死ノ如キハ此ノ所見ノ事畢竟シテ有所《アラユル》コト无キコト龜毛ノ如シ虚空ノ如シ　二者・謂ク諸法ハ囙縁生ノ故ニ即是不生ナリ　有所无キコト虚空ノ如シ　天親菩薩・願スル所ノ生者《ハ》是レ囙縁ノ義ナリ　囙縁ノ義ノ故ニ假ニ・生ト名ク　凡夫ノ實ノ衆生實ノ生死有ト謂フカ如キニハ非ル也、　問曰・何ノ義ニ依テカ往生ト説クヤ　荅曰此ノ間ノ假名人ノ中ニ於テ五念門ヲ修スルニ前念・後念与《ト》囙ト作《ナ》ル　穢土ノ假名人・淨土ノ假名人・決定シテ一ヲ得不《ス》決定シテ異ヲ得不　前心・後心・亦・是ノ如シ　何ヲ以ノ故ニ　若シ一ナラハ則囙果无《ナ》ケム　若シ異ナラハ則・相續ニ非ス　是ノ義ハ一異ノ門ヲ觀ス論ノ中ニ委曲ナリ　第一行ノ三念門ヲ釋シ竟ヌ

（『浄聖全』三、三五〇頁）

宗祖は、この文の二行目の「問曰」以降をそのまま「行文類」に引用されるが、この文に浄土の仮名人とは因縁生として浄土往生した者のこととされている。

そこで、その浄土の仮名人とはどのような者なのかを、宗祖は体（本質）と相（状態）と用（はたらき）の三方面より明らかにされる。それが「証文類」である。

宗祖は「証文類」の最初に上記の総論として次のように記される。


「証文類」

然ニ煩惱成就ノ凡夫、生死罪濁ノ群[*一]萌[*二]、往相回向ノ心行ヲ獲《ウ》レバ、卽ノ時ニ大乘正定聚《トモガラ》之數《カズ》ニ入ルナリ。正定聚ニ住スルガ故ニ必滅度ニ至ル。必滅度ニ至ルハ卽是常樂ナリ。常樂ハ卽是畢[*三]竟[*四]寂滅ナリ。寂滅ハ卽是无上涅槃ナリ。无上涅槃ハ卽是无爲法身ナリ。无爲法身ハ卽是實相ナリ。實相ハ卽是法性ナリ。法性ハ卽是眞如ナリ。眞如ハ卽是一如ナリ。然者《バ》、彌陀如來ハ如從來生シテ、報・應・化種種ノ身ヲ示《シメ》シ現ジタマフ也。

＊一　「群」に「ムラガル」と左訓
＊二　「萌」に「キザス」と左訓
＊三　「畢」に「オハリ」と左訓

＊四　「竟」に「キワマル」と左訓

（『浄聖全』二、一三三頁）

この御己証の根拠は、言うまでも無く「真実の教『大無量寿経』」である。宗祖はこの『大経』に説かれる安楽浄土の解釈を天親菩薩の『浄土論』、すなわち曇鸞和尚の『論註』によってなされる。したがって「証文類」は、宗祖が『浄土論』をどのように理解されたのかを窺うことができる宝典とも言えよう。

まず、宗祖は、浄土の仮名人の体を示す『大経』の明確な証拠である第十一願文を総論の直後に挙げられる。

「証文類」

必至滅度ノ願文、『大經』ニ言ク、「設我佛得ニ、國ノ中チノ人天、定聚ニ住シ、必滅度ニ至ラ不者《ズ》、正覺ヲ取ラ不《ジ》ト。」已上

（『浄聖全』二、一三三頁）

この願文にある「國ノ中チノ人天」が「浄土の仮名人」である。

この願文に続いて、異訳の『無量寿如来会』(『如来会』)の同じ願文が出され、それら両経の成就文をその後に続けて挙げられる。特に、『大経』下巻の第十一願成就文では、「正定聚・邪聚・不定聚」についてしか述べられないことから、浄土の仮名人について説かれる『大経』上巻の文を成就文の補足として挙げられる。それが次の文である。

「証文類」

彼ノ佛國土ハ、清淨安穩*一ニシテ微妙快*二樂*三ナリ。於无爲泥洹之道ニ次《チカ》シ。其レ諸ノ聲聞・菩薩・天・人、智慧高明ニシテ神通洞*四《アキラカ》ナリ達*五セリ。咸《コトゴト》ク同ジク一類ニシテ、形《カタチ》異狀无シ。但餘方ニ因-順スルガ故ニ、人天之名有リ。顏*六貌*七端*八政*九ニシテ世ニ超テ希有ナリ*一〇。容*一一色*一二微妙ニシテ、天ニ非人非ズ。皆自然虚无之身、无極之體ヲ受ケタルナリト

*一　「穩」に「オダシ」と左訓
*二　「快」に「タノシ」と左訓
*三　「樂」に「コ、ロヨシ」と左訓
*四　「洞」に「ホガラカナリ」と左訓

＊五　「達」に「サトル」と左訓
＊六　「顔」に「カヲバセ」と左訓
＊七　「貌」に「カヲバセ」と左訓
＊八　「端」に「ナヲシ」と左訓
＊九　「政」に「タヾシ」と左訓
＊一〇　「希」に「マレナリ」と左訓
＊一一　「容」「カヲバセ」と左訓
＊一二　「微」に「コマカナリ」と左訓

（『浄聖全』二、一三四頁）

この文では、主に浄土の仮名人の相が示されている。それが、「顔貌端政ニシテ世ニ超テ希有ナリ。容色微妙ニシテ、天非人非」の文言である。さらに体にも触れている。「自然虚无之身、无極之體」がそれである。なぜならば、自然・虚无・无極は涅槃の別名であり、宗祖は浄土の仮名人の体を涅槃であるとし、総論で、「必滅度ニ至ル即是常樂ナリ。常樂ハ即是畢竟寂滅ナリ。寂滅ハ即是无上涅槃ナリ。无上涅槃ハ即是无爲法身ナリ。无爲法身ハ即是實相ナリ。實相ハ即是法性ナリ。法性ハ即是眞如ナリ。眞如ハ即是一如ナリ」と述べられているからである。

次いで、『如来会』下巻の文を引用される。

「証文類」

又言ク、「彼ノ國ノ衆生、若當ニ生レム者ノ、皆悉ク无上菩提ヲ究*一竟*二シ、涅槃ノ處ニ到タラシメム。何ヲ以ノ故ニ。若シ邪定聚及不定聚ハ、彼ノ因ヲ建立セルコトヲ了知スルコト能ハ不ルガ故ヘナリ。」ト*三已上要ヲ抄

（『浄聖全』二、一三四頁）

*一　「究」に「キワメ」と左訓
*二　「竟」に「キワム」と左訓
*三　「抄」に「ヌキイヅ」と左訓

（二）浄土の仮名人の体

その後、以上の経文の説明をする文として『論註』の文ではあるが、宗祖によって「『浄土論』曰ク」と『浄土論』の文とされ、次のように挙げられる。

「証文類」

『淨土論』曰ク、「莊嚴妙聲功德成就者《ハ》、偈ニ梵聲[*一]悟[*二]深遠微妙聞十方ノ故ニト言ヘリト。此レ云何ゾ不思議ナルヤ。經言ハク、若シ人但彼ノ國土ノ清淨安樂ナルヲ聞テ、①剋[*三]念シテ生ト願ゼムモノト、亦往生ヲ得ルモノトハ、卽正定聚ニ入ル。此ハ是國土ノ名字[*四]佛事ヲ爲《ナ》ス。安《イヅク》ンゾ思議[*五]ス可ヤト。莊嚴主功德成就者《ハ》、偈ニ正覺阿彌陀法王善住持故ニト言ヘリ。此レ云何ガ不思議ナルヤ。正覺ノ阿彌陀、不可思議ニマシマス。彼ノ安樂淨土ハ正覺阿彌陀ノ善力ノ爲ニ住持セラレタリ。云何思議コトヲ得可キ邪《ヤ》。住ハ不異不滅[*六]ニ名ク、持ハ不散不失ニ名ク。不朽《キウ》[*七]藥[*八]ヲ以テ種子ニ塗《ヌ》[*九]リテ、水ニ在《オ》クニ蘭《ミダ》レ不《ズ》、火ニ在《オ》クニ燋《コガ》レ不《ズ》、因[*一〇]縁[*一一]ヲ得テ卽生ズルガ如シ。何ヲ以ノ故ニ。不朽藥ノ力ラナルガ故ヘナリ。②若シ人一タビ安樂淨土ニ生ズレバ、後ノ時ニ意三界ニ生テ衆生ヲ敎化セムト願ジテ、淨土ノ命ヲ捨テ、願ニ隨テ生ヲ得テ、三界雜生ノ火ノ中ニ生ト雖、无上菩提ノ種子、畢竟ジテ朽《キウ》[*一二]不《ズ》。何ヲ以ノ故ニ。正覺阿彌陀ノ善ク住持ヲ逕《フ》ルヲ以ノ故ニト。莊嚴眷屬功德成就者《ハ》、偈ニ如來淨華[*一四]衆正覺華化生ノ故ニト言ヘリ。此レ云何ゾ不思議ナルヤ。凡ソ是雜生ノ世界ニハ、若胎[*一三]若卵《ラン》若濕《シフ》[*一五]若化、眷屬若干《ソコバク》ナリ。苦樂萬品ナリ。雜業ヲ以ノ故ニ。③彼ノ安樂國土ハ是阿彌陀如來正覺[*一六]淨華之化生スル所ニ非ルコト莫シ。同一ニ念佛シテ別ノ道无キガ故ニ。遠ク通ズルニ、夫レ四海之内皆兄弟ト爲《ス》ル也。眷屬无量ナリ。焉《イヅク》ンゾ思議ス可キヤ。」

＊一　「聲」に「ナ」と左訓
＊二　「悟」に「サトリ」と左訓
＊三　「尅」に「キザス」と左訓
＊四　「字」に「アザナ」と左訓
＊五　「議」に「ハカラウ」と左訓
＊六　「異」に「コトナリ」と左訓
＊七　「朽」に「クチサル」と左訓
＊八　「藥」に「クスリ」と左訓
＊九　「塗」に「ヅ」と左訓
＊一〇　「因」に「タネ」と左訓
＊一一　「縁」に「タスク」と左訓
＊一二　「朽」に「クチ」と左訓
＊一三　「胎」に「ハラム」と左訓
＊一四　「卵」に「カイゴ」と左訓
＊一五　「濕」に「ウルオウ」と左訓
＊一六　「覺」に「サトル」と左訓

（『浄聖全』二、一三四～一三五頁）

筆者が、この引文での注意すべきところに傍線部分をつけておいたが、まずは①の傍線部分である。ここを浄土宗では次のように読む。

莊嚴妙聲功德成就ト者　偈ニ梵聲悟深遠微妙聞十方ト言ヘルカ故ニ　此レ云何カ不思議ナル經ニ言　若人但彼ノ國土ノ清淨安樂ヲ聞テ　剋念生セント願スレハ　亦往生ヲ得テ則正定聚ニ入

（『浄全』一、「往生論註」二四三頁）

しかし、宗祖は、「剋念シテ生ト願ゼムモノト、亦往生ヲ得ルモノト、卽正定聚ニ入ル」と読まれる。この加点での訓読は、宗祖が加点された『論註』[*一]でも同様である。

＊一　『浄聖全』三、三九七頁参照。

ところが、浄土宗では、「剋念生セント願スレハ　亦往生ヲ得テ則正定聚ニ入」と訓読する。良忠は『往生論註記』で、この箇所を次のように説明している。

經言若人但聞彼國土等ト者　平等覺經ニ云　十七ニ　我レ作佛セン時　我名號ヲシテ八方上下ノ無數ノ佛國ニ聞カ令　諸佛各弟子ノ衆中ニ於テ　我功德國土ノ之善ヲ歎　諸天人民蠕動ノ之類　我名字ヲ聞　皆悉ク踊躍シ我國ニ來生スヘシ　若爾ラ不ハ者　我レ作佛セ不上已　大阿彌陀經之ニ同　問　此ノ願文ニ正定聚ト云不　答　既ニ來生我國ト云　卽チ正定聚ニ入ルナリ也

（『浄全』一、三一九頁）

これによれば、『浄土論』の「莊嚴妙聲功德成就」の文言は、『大経』と『如来会』の第十七願で誓われた名号の功徳を註釈したものである。したがって良忠は、宗祖のように第十一願成就の功徳の証拠の文とはしていない。それゆえ、第十七願文に正定聚が誓われないのはなぜかとの問いを出し、それは、すでに往生している正定聚の者の功徳成就であるから、第十七願では正定聚の文言が挙げられていないのであるとしている。

この「証文類」引用の『論註』の文言には、『註釈版聖典』の三〇九頁で次のような脚註がある。

剋念して…入る　『論註』の当分では「剋念して生ぜんと願ずれば、また往生を得て、すなはち正定聚に入る」と読む。剋念願生する者が浄土に往生して正定聚に入る義であるが、親鸞聖人は原文を読みかえて、剋念願生する者（此土）と浄土に往生した者（彼土）との二類の正定聚があることを示した。剋念は心を専注して一心になること。ここでは信心の異名。

つまり、第十一願の定聚には、現生の正定聚と浄土の正定聚とが二重に誓われていることをこの『浄土論』の文言から顕かにされたのである。

次に②の傍線部分である。

若シ人一タビ安樂淨土ニ生ズレバ、後ノ時ニ意三界ニ生テ衆生ヲ教化セムト願ジテ、淨土ノ命ヲ捨テ、願ニ隨テ生ヲ得テ、三界雜生ノ火ノ中ニ生ト雖、无上菩提ノ種子、畢竟ジテ朽不。

ここは本来、『浄土論』の偈の「荘厳主功徳成就」を解義分で「偈ニ「正覚阿弥陀法王善住持」ト言ヘルガ故ナリ」と説明されているものを、『論註』でより詳細に論じたところである。曇鸞和尚は「住持」だけを説明されればよいのであるが、『論註』では浄土が住持される理由をさらに説明している。それが、②の傍線部分である。宗祖はここに記された還相こそ浄土の仮名人の「顔貌端政ニシテ世ニ超テ希有ナリ。容色微妙ニシテ、天ニ非人非ズ。皆自然虚无之身、无極之體」と

『如来会』に説かれた真の相状であるとお示しなされたのであろう。ちなみに、良忠は「不朽薬ト者　華嚴經ノ説也」と不朽薬についてわずかに註をつけるだけである。

そして③の傍線部分である。ここでは、「彼ノ安樂國土ハ是阿彌陀如來正覺淨華之化生スル所ニ非ルコト莫シ。同一ニ念佛シテ別ノ道无キガ故ニ。遠ク通ズルニ、夫レ四海之内皆兄弟ト爲也」と浄土の仮名人の平等性が示される。それによって、その文に続けて、やはり『論註』より次の二箇所の文が引かれる。宗祖はこれらの文も『浄土論』の文とされる。

「証文類」

又言ク、「往生ヲ願フ者ノ、本ハ則三三之品ナレドモ、今ハ一二之殊《シユ》[*一]无《ナ》シ。亦淄《シ》[*二]-澠《ジヨウ》[*三]食陵反[*四]ノ一味ナルガ如シ。焉《イヅク》ンゾ思議ス可ヤ。」

*一　「殊」に「コトナル」と左訓
*二　「淄」に「水」と左訓
*三　「澠」に「水名」と左訓
*四　「食陵」に「シヨクリヨウノ」と振り仮名

（『浄聖全』二、一三五頁）

「証文類」

又『論』曰ク、「荘厳清浄功徳成就者《ハ》、偈ニ観彼世界相勝過*一三界道ノ故ニト言タマヘリ。此云何不思議*二ナルヤ。凡夫人ノ煩悩成就セル有テ、亦彼ノ浄土ニ生コトヲ得レバ、三界ノ繫*三業畢竟ジテ牽*四《ヒ》カ不。則是煩悩ヲ斷ゼ不シテ涅槃分ヲ得《ウ》。焉《イヅク》ンゾ思議ス可キヤ。」已上抄要

（『浄聖全』二、一三五頁）

*一 「過」に「スグル」と左訓
*二 「議」に「ハカル」と左訓
*三 「繫」に「ツナグ」と左訓
*四 「牽」に「ケン反」と左訓

そして宗祖は、その平等性の補足証拠として、この『論註』の引文の後に「証文類」で先に挙げられた『大経』の趣意を示す道綽禅師の『安楽集』の文を挙げられる。その内の注意すべき文言のみを次に掲げておく。

「証文類」

但他方ニ順ズルガ故ニ名を列《ツラ》[*一]ヌ。顔[*二]容[*三]端[*四]政[*五]ニシテ比[*六]可キ无シ。精[*七]微[*八]妙軀《ク》[*九]ニシテ人天ニ非ズ。虚无之身、无極ノ體ナリ。是ノ故ニ平等力ヲ頂禮シタテマツルト。

＊一　「列」に「レチ」と左訓
＊二　「顔」に「カヲバセ」と左訓
＊三　「容」に「カヲバセ」と左訓
＊四　「端」に「ナヲシ」と左訓
＊五　「政」に「タヾシ」と左訓
＊六　「比」に「ナラブ」と左訓
＊七　「精」に「ヨシ」と左訓
＊八　「微」に「ヨシ」と左訓
＊九　「軀」に「ミ」と左訓

（『浄聖全』二、一三六頁）

これらの文によって宗祖は、浄土の仮名人の平等性を証明されたのである。さらに宗祖は、涅槃そのものが浄土の仮名人の体であることを、「法性之常樂」と「寂静无為樂」との文言で示す次の善導大師の『観経四帖疏』の「玄義分」と「定善義」との二箇所の文を挙げて証拠にされている。

引用文のうちで、該当する箇所をそれぞれ挙げておくことにする。まずは「玄義分」、次いで「定善義」の文である。

「証文類」

唯懃《ネンゴロ》ニ法ニ奉《ツカ》[*一]ヘテ、畢命ヲ期ト爲《シ》テ、此ノ穢身ヲ捨テヽ、卽彼ノ法性之常樂ヲ證ス可シト。

（『浄聖全』二、一三六頁）

*一　「奉」に「ウケタマハリテ」と左訓

「証文類」

西方寂靜无爲ノ樂《ミヤコ》ニハ、畢竟逍[*一]遙[*二]シテ有無ヲ離レタリ。

（『浄聖全』二、一三六頁）

*一　「逍」に「ハルカニ」と左訓
*二　「遙」に「ハルカナリ」と左訓

なお、宗祖は、「証文類」では、この「定善義」の引文の後に、往相回向の教行信証の四法の結釈をなされている。すなわち、ここまでを「教文類」最初に「謹デ淨土眞宗ヲ按ズルニ二種ノ廻向有リ。一ニ者《ハ》往相、二ニ者《ハ》還相ナリ。往相ノ廻向ニ就テ眞實ノ教行信證有リ」と示された往相回向の内容とされているのである。そして、この四法結釈の後に、「二ニ還相ノ回向ト言フ者《ハ》、則チ是レ利他教化地ノ益[*一]也」と改めて還相回向について述べられるのである。

＊一　「益」に「マス　タスクトモ」の左訓

四法結釈は次の通りである。

「証文類」
夫眞宗ノ教行信證ヲ案ズレ者《バ》、如來ノ大悲回向之利益ナリ。故ニ若ハ因若ハ果、一事トシテ阿彌陀如來ノ清淨願心之回向成就シタマヘル所ニ非コト有コト无シ。因淨ナルガ故ニ、果亦淨也、知《シ》ル應シトナリ。

（『浄聖全』二、一三七頁）

第四講

（一）本願

「証文類」では、往相回向の教行信証の四法について記した結釈に引き続き、還相回向釈が始まる。それが次の御自釈である。

二ニ還相ノ回向ト言フ者《ハ》、則チ是レ利他教化地ノ益[*一]也。則チ是レ必至補[*二]處之願於《ヨリ》出タリ。亦一生補處之願ト名ク。亦還相回向之願ト名ク可キ也。『註論』ニ顕タリ。故ニ願文ヲ出不《ズ》。『論ノ註』ヲ披《ヒラ》ク可シ。

（『浄聖全』二、一三七頁）

*一　「益」に「マス　タスクトモ」と左訓

*二　「補」に「ツグ」と左訓

この御自釈以降、「証文類」では、最後の往相回向・還相回向の総結、往還結釈の文に至るまで、『浄土論』・『論註』の引文のみである。なお宗祖は、この文の中で「『註論』ニ顯タリ」と記されるが、この御自釈の後に挙げられる『論註』に願文がそのまま出ているので、そのことを指されていると思われる。

この御自釈の直後に『浄土論』の次の文が挙げられる。

『淨土論』ニ曰ク、「出第五門者《ハ》、大慈悲ヲ以テ一切苦悩ノ衆生ヲ観[*一]察[*二]シテ、應化ノ身ヲ示メス。生死ノ園《ソノ》[*三]、煩悩ノ林シノ中ニ回入シテ、神通ニ遊戯《ゲ》[*四]シテ教化地ニ至ル。本願力ノ回向ヲ以ノ故ニ。是ヲ出第五門ト名ク。」ト上已

（『浄聖全』二、一三七頁）

＊一　「觀」に「ミソナハシ」と左訓
＊二　「察」に「カヾム」と左訓
＊三　「園」に「オン　ヱン」と左訓
＊四　「戯」に「タワブル」と左訓

この「証文類」の宗祖の読みと『浄土真宗聖典全書（一）　三経七祖篇』所収の『浄土論』の読みとでは若干異なっているので、所収本の同じ文を次に掲げる。

出第五門ト者、大慈悲ヲ以テ一切苦悩ノ衆生ヲ観察シテ、應化身ヲ示シテ、生死ノ園、煩悩ノ林ノ中ニ廻入シテ遊戯シ、神通ヲモテ教化地ニ至ル。本願力ノ廻向ヲ以テノ故ナリ。是ヲ出第五門ト名ク。

（『浄聖全』一、四四三頁）

傍線部分の「本願力ノ廻向ヲ以テノ故」の「本願力の回向」の読みは、真宗では阿弥陀如来の本願力である還相回向としての解釈であるから当然同じ訓読である。

阿弥陀如来の本願力であることは、本願寺から出されている『浄土真宗聖典　顕浄土真実教行証文類（現代語版）』（二〇〇〇年、本願寺出版社〈『現代語版教行信証』と以下略〉）のこの箇所の意訳でより明らかであるので、次に掲げておく。

出の第五門とは、大慈悲の心をもって、苦しみ悩むすべての衆生を観じて、救うためのさまざまなすがたを現し、煩悩に満ちた迷いの世界に還ってきて、神通力をもって思いのままに衆生を教え導く位に至ることである。このようなはたらきは、阿弥陀仏の本願力の回向によるのである。これを出の第五門という。

（『現代語版教行信証』、三四〇～三四一頁）

しかしながら、浄土宗はこの箇所を次のように読む。

出第五門ト者　大慈悲ヲ以一切ノ苦悩ノ衆生ヲ観察シテ　應化身ヲ示シテ　生死ノ園　煩悩ノ林中ニ廻入シ遊戯神通ヲモテ教化地ニ至ル本願力ヲ以廻向スルカ故ニ是ヲ出ノ第五門ト名ク

（『浄全』一、一九八頁）

浄土宗では、傍線部分のように「本願力ヲ以廻向スルカ故」と読むのである。つまり、念仏行者が菩薩の位で本願を立てた力で自ら回向すると読むのである。

浄土宗では、内因と外縁とが和合して来迎を感じ、浄土往生するという。浄土往生の内因は行者の三心と起行と作業であり、如来の本願と光明は外縁である。つまり、阿弥陀如来の本願力は行者が往生をするための縁なのである。龍谷大学編『仏教大辞彙』第四巻の「浄土宗」の項【教義】の（五）（二一六九三頁上段）には次のように内因が解説されている。

（五）内因。本宗は彌陀の本願殊に第十八願に『設我得佛、十方衆生、至心信樂、欲生我國、乃至十念、若不生者、不取正覺』と誓約せる願力に托し、觀經に「令聲不絶具足十念稱南無阿彌陀佛」と云ひ、「汝好持是語、持是語者卽是持無量壽佛名」と定め、阿彌陀經に一日七日一心不乱の執持名號と說きたる正說に依り、三心の安心、稱名の起行、四修の作業を以て往生の内因を成じ、本願・光明の外緣により業障を除滅して来迎の聖應を感じ、報土往生の妙果を期す。斯くて不退の國土に在りて悠々妙行を修し、阿耨菩提の究竟位に進趣せんとするものなり。

ここでの三心とは、『大経』の「至心・信楽・欲生我国」と『観経』の「至誠心・深心・回向発願心」である。そして、起行は称名、作業は恭敬修・無余修・無間修・長時修の四修である。ただし、起行については同じ頁の下段で次のように記している。

（ロ）起行。三心の安心已に具すれば修する所の一切の善根は悉くこれ往生淨土の善根なり。

（一）本願

本願には乃至十念と云ひ、修諸功徳、植諸徳本と云ひ、觀經には定善十三觀と散善三福九品を說き、小經には一日七日の一心不乱の稱名を示す。天親の淨土論には五念門と云ひ、善導は正雜二行・助正二業・專雜二修を示し、文殊般若經には一行三昧を明せり。

浄土宗の教義では安心が具してあれば、『浄土論』に説かれる五念門を含めて、すべての行が起行となって、浄土往生の因となるのである。本願はあくまでも縁にすぎないのである。

ただし、『浄土論』のこの文を註釈した『論註』の読みでは、『宗祖加点本』と「『浄土宗全書』所収本に違いがない。そこで、ここでは『宗祖加点本』を訓読して挙げておく。

示應化身トイフ者《ハ》・法花經[*一]ノ普門示現之類如也、遊戯ニ二ノ義有リ　一者・自在ノ義・菩薩・衆生ヲ度コトハ　辟[*二]ハ師子ノ鹿ヲ搏《ウ》ツニ所‐爲難《ハヽカ》[*三]ラ不ルカ如シ遊戯ノ如‐似《コト》シ　二者・度无所度トノ義ナリ・菩薩・衆生ハ・畢竟シテ所‐有无シト覩[*四]シテ无量ノ衆生ヲ度ト雖モ而實ニ一衆生トシテ滅度ヲ得ル者ノ无シ　度衆生ヲ示コト遊戯ノ如‐似《コト》シ　本願力ト言《イ》フ者《ハ》　大菩薩法身ノ中ニ於《シテ》常ニ三昧ニ在マシ而《テ》・種種ノ身・種種ノ神通・種種ノ說法ヲ現スルコトヲ示ス　皆・本願力ヲ以テ起スナリ　辟[*五]ハ・阿修羅ノ琴ノ鼓《コ》スル者ノ无ト雖モ而音曲《イムキヨク》自然ナルカ如シ　是ヲ教

化地ノ第五ノ功徳相ト名ク

＊一　「花」に朱で「―」と右記し上欄に「華」と記入
＊二　「辟」に朱で「―」と右記し上欄に「辟」と記入
＊三　「難」に墨で「ハ、カラ」と右側に振り仮名があるので、訓読に反映
＊四　「覩」は偏が「尓」なので、朱で偏に「雚」を上書
＊五　「辟」に朱で「―」と右記し上欄に「辟」と記入

（『浄聖全』三、四二二頁）

そこで、真宗の「本願力ノ廻向ヲ以テノ故ナリ」の読みと、浄土宗の「本願力ヲ以廻向スルカ故ニ」の読みの違いを教義面の違いから明らかにするために、良忠の『往生論註記』の解説を見てみることにする。良忠は、ここでの本願力を次の問答を設けて説明する。

本願力ト者　問　穢土ノ願トヤ爲ン浄土ノ願トヤ爲ン　答　穢土ノ發願ナリ　則チ上ノ文ニ云ク　云何カ回向スル　一切苦惱ノ衆生ヲ捨テ不シテ心常ニ作願シ回向スルヲモテ首ト爲　大悲心ヲ成就スルコトヲ得カ故ニ已上　故ニ知ヌ　還相ノ之本願也

（『浄全』一、三四〇～三四一頁）

「穢土ノ願」と「浄土ノ願」とは、それぞれどの願を指すのであろうか。

真宗では、本願力とは第十八願成就の力用を指すのが一般的であるが、浄土宗では、通仏教同様に必ずしも本願の力用が第十八願の力用とはかぎらない。当然、浄土宗でも第十八願が法蔵菩薩の王本願であることは認めるが、法蔵菩薩にかぎらず、すべての菩薩がその位にあるときに誓願したものを本願とするからである。そのことは、次の二〇一八年三月三〇日（金）六時三三分更新『Web版　新纂　浄土宗大辞典』（『浄土宗大辞典』と以下略）の「本願」の項の記載で明らかである。

悟りに至る以前の修行時代（因位）にたてた誓願の意。Ⓢpūrva-praṇidhāna。本誓願、本誓、本弘誓願、因願、宿願ともいう。サンスクリット語の原語pūrva-praṇidhānaは、直訳すると「以前の誓願」となる。すなわち「仏が仏になる以前（の修行時代）にたてた誓願」という意味。例えば、阿弥陀仏の四十八願などはその典型といえる。法然遺文と伝えられる『四箇条問答』にも、「本願と云うことは、もとの願いと訓ずるなり。もとのねがいと云うは、法蔵菩薩の昔、常没の衆生を…我国に生ぜしめんと云うことなり。かるがゆえに本願というなり」（昭法全七〇〇）と説かれるとおりである。ただし、仏だけでなく、現在まだ修行中の菩薩についても、その誓願が既にたてられておれば、その誓願を以前にたてた誓願ということで本願とも呼ぶ場合もある。

（中略）

浄土教において本願は、実質的には阿弥陀仏の四十八願、もしくはその内の第十八願を意味する場合が大半といえる。特に法然の場合、『選択集』六で「およそ四十八願、皆本願なりといえども、殊に念仏を以て、往生の規《のり》と為す」（聖典三・一三五／昭法全三二六）と説かれたり、第十八願が「本願の中の王」（同）と位置づけられていることからして、第十八願こそが本願の中心と考えられていたといえる。法然はまさにこの第十八願に説かれた称名念仏のみが本願の行であると見なして「専修念仏」の教えをたて、専らに念仏すれば阿弥陀仏の本願力に乗じて必ず往生できるとした。なお、「本願」は Original Vow と英訳される場合が多いが、本願の「本」とは「本質的な、根本的な、本来的な」という意味ではなく、原語からも分かるように「もとの、以前の」という意味である。

筆者が記した傍線部分に注意するとわかるように、浄土宗では、法蔵菩薩ではなくとも、菩薩すべてがその位にあるときに立てた誓願を本願と呼ぶことが一般的なのである。

そこで、この出第五門における本願力も「還相の本願」と呼ばれるように、『論註』の「三願的証」で明かされる本願の力とするのである。『浄土宗全書』所収『論註』の「三願的証」の三証である二十二願文の読みは次の通りである。

願ニ言　設シ我佛ヲ得タランニ　他方佛土ノ諸菩薩衆　我カ國ニ來生シテ究竟シテ　必一生補處ニ至ラン　其ノ本願アテ自在ノ化スル所衆生ノ爲ノ故ニ　弘誓ノ鎧ヲ被テ徳本ヲ積累シ　一切ヲ度脱シテ諸佛國ニ遊　菩薩ノ行ヲ修シ十方ノ諸佛如來ヲ供養シ　恒沙無量ノ衆生ヲ開化シテ　無上正眞ノ之道ヲ立テ使ヲハ除　常倫諸地ノ之行ヲ超出シ　現前ニ普賢之徳ヲ修習セン若爾不ハ者　正覺ヲ取不ト

（『浄全』一、二五五頁）

そこで、浄土宗で言う「穢土の本願」とは、穢土に還相した菩薩が立てている誓願であり、その本願力は、「一切苦惱の衆生を捨てずして、心は常に作願し、回向する」力なのである。

（二）浄土宗の回向

浄土宗での回向について少し触れておくことにする。

浄土宗では、浄土往生のために我が身が、極楽へ功徳を回向しなければならないと強調する。したがって、回向とは自力回向である。

先に紹介した『浄土宗大辞典』の「回向」（二〇一八年九月一七日（月）〇時二五分更新）の項には、次の記載がある。特に筆者が傍線を引いた部分に注意して読んでいただきたい。

方向を転じて向かうこと。自己が行った善をめぐらしひるがえして、他のために差し向けること。Ⓢpariṇāma の訳で、自己の修めた善行・功徳をめぐらし転じて自らの悟りや一切衆生の悟りのために趣き向けること。大乗菩薩道の展開とともに、善行の結果が覚り（正覚・菩提）へと向けられるためには、その善行が衆生に施し与えられなければならないということが強調されてくる。『六十華厳』十回向品に「此の菩薩摩訶薩は一切の諸善根を修習の時、彼の善根を以て是くの如く回向し、此の善根功徳の力をして一切処に至らしむ」（正蔵九・四九五上〜

中）と言い、羅什訳『維摩経』仏国品では「回向心は是れ菩薩の浄土。菩薩成仏の時、一切具足の功徳の国土を得る」（正蔵一四・五三八中）と説く。『無量寿経』下には「あらゆる衆生、その名号を聞きて、信心歓喜して、乃至一念、至心に回向して、かの国に生ぜんと願ずれば、すなわち往生を得て、不退転に住す」（聖典一・二四九／浄全一・一九）として、回向は浄土往生のためであると説かれる。また、『観経』では四箇所にこの語が用いられているが、上品中生と上品下生と中品中生の三箇所では「この功徳をもって、回向して極楽国に生ぜんと願求す」（聖典一・三〇七、三〇八、三〇九／浄全一・四七、四八）と説示され、中品上生では「この善根をもって回向して西方極楽世界に生ぜんと願求す」（同三〇八／同四八）とあって、功徳・善根を回向して往生浄土を願い求めるということが説かれている。三経通申論とも言われる世親『往生論』では五念門のなかの第五番目に回向をあげる。「云何が回向する、一切苦悩の衆生を捨てず、心に常に作願し回向するを首と為して、大悲心を成就することを得るが故に」（聖典一・三六二／浄全一・一九三）と言い、その成就を「菩薩の巧方便《ぎょうほうべん》回向成就」であるとする。世親の説く回向論を曇鸞は、その注訳書『往生論註』で「回向に二種の相有り。一は往相、二は還相。往相とは己の功徳を以て一切の衆生に回施し、共に彼の阿弥陀如来の安楽国土に往生せんと作願するなり。還相とは彼の土に生じ已おわって、奢摩他《しゃまた》、毘婆舎那《びばしゃな》、方便力を成就して、生死の稠林《ちゅうりん》に回入して、一切の衆生を教化して共に仏道に向かう」（浄全一・二三九下〜四〇上）と往相と還相の二種回向について言及している。

善導は『観経疏』散善義の回向発願心釈で「過去および今生の身口意業に修する所の世出世の善根と、および他の一切の凡聖の身口意業に修する所の世出世の善根とを随喜せると、この自他の所修の善根を以て、ことごとく皆真実深信の心中に、回向してかの国に生ぜんと願ず」（聖典二・二九五／浄全二・五八下）と言い、「かの国に生ぜん」ための回向である。一方で善導は、回向発願心釈の終の部分で「回向と言うは、かの国に生じ已って、還って大悲を起し、生死に回入して衆生を教化するを、また回向と名づく」（同・二九九〜三〇〇／同・六〇下〜一上）と言い、曇鸞のように往相と還相という明確な区分に立つことなく、善導は「浄土往生のための回向」に力点を置いていることがわかる。

法然は『選択集』二の五番相対論の不回向回向対の説示で「正助二行を修する者は、たとい別に回向を用いざれども、自然に往生の業と成る。…回向とは、雑行を修する者は必ず回向を用うる時、往生の因と成る。もし回向を用いざる時は、往生の因と成らず」（聖典三・一〇九〜一〇）と言って、正行と雑行について分別している。また、『御消息』において「まず我が身につきて、前《さき》の世及びこの世に身にも口にも意にも造りたらん功徳、みなことごとく極楽に回向して往生を願うなり。次には我が身の功徳のみならず異人のなしたらん功徳をも、仏菩薩の作らせ給いたらん功徳をも随喜すればみな我が功徳となるをもて、ことごとく極楽に回向して往生を願うなり」（聖典四・五四〇／昭法全五八三）と述べている。

第五講

（一）浄土の仮名人の用

浄土の仮名人の体・相については「証文類」で明らかとされてきたのであるが、「証文類」では続けて還相回向での浄土の仮名人の用（はたらき）が示されている。ここで挙げられる文での用を阿弥陀如来の本願力とみるか、または往生人の本願力とみるかで真宗と浄土宗では読み方が違うのである。そこで、まず宗祖が「証文類」還相回向釈で、次の『論註』の文を挙げられるので、この文の読みを見てみたい。

『論註』曰ク、「還相者《ハ》彼ノ土ニ生已テ、奢《シャ》摩他・毗婆舎那・方便力成就スルコトヲ得テ、生死ノ稠《チウ》林[*一]ニ回入シテ、一切衆生ヲ教化シテ、共ニ佛道ニ向ヘシムルナリ。若ハ往若ハ還、皆衆生ヲ抜《ヌ》イテ生死海ヲ渡セムガ爲メナリ。是故ニ回向ヲ首ト爲《シ》テ大悲心ヲ成就スルコトヲ得ガ故

ニト言タマヘリ。」ト

＊一　「稠」に「シゲシ」と左訓

（『浄聖全』二、一三七頁）

宗祖の「証文類」の訓読は以上である。次に浄土宗であるが、浄土宗では次のように読む。

還相ト者　彼ノ土ニ生シ已テ　奢摩他毗婆舎那ヲ得テ　方便力成就シヌレハ　生死ノ稠林ニ迴入シ　一切ノ衆生ヲ敎化シテ　共ニ佛道ニ向フ　若ハ往若ハ還　皆衆生ヲ拔テ生死海ヲ渡ンカ爲ナリ　是ノ故ニ迴向爲首成就大悲心故ト言

（『浄全』一、二四〇頁）

宗祖においては、浄土の仮名人が「共ニ佛道ニ向ヘシムルナリ。若ハ往若ハ還、皆衆生ヲ拔イテ生死海ヲ渡セムガ爲メナリ」と、阿弥陀如来の本願力によるものとするが、浄土宗では、往生したものが、「共ニ佛道ニ向フ　若ハ往若ハ還　皆衆生ヲ拔テ生死海ヲ渡ンカ爲ナリ」と、浄土で奢摩他毗婆舎那を行ったものが方便力をもって衆生救済を行うと読むのである。

そこで、一度、浄土宗での往相・還相の回向についての解釈を見てみることにする。

『浄土宗選集』第五巻では、望月信亨博士の「浄土教概論」を収録し、その第二十章に「願力廻向と信心正因説」を設けて宗祖の説を否定している。そこでは、「信心正因と本覚思想」の項を立て、(親鸞)の「願力廻向の説はもと世親の『往生論』廻向門の下に、云何廻向、不レ捨二一切苦悩衆生一心常作願、廻向為レ首得レ成二就大悲心一故といい、また五功徳門の下に、以二本願力廻向一故是名二出第五門一と説いているのにヒントを得たのである。」と結論し、次のように述べる。筆者の記した傍線部分に注意して読んでほしい。

しかるに『往生論』の意は浄土往生の行として五念門を挙げたのであるから、廻向はいうまでもなく衆生の起こすべき廻向であり、曇鸞の往相還相二廻向の説も『往生論』の廻向の義を釈したのであるから、これまたもとより衆生所発の廻向を意味するのである。かくのごとき本願の至心信楽、玄義分の発願帰命、『往生論』の本願力廻向、『往生論註』の往還二廻向のごとき、共にみな明白に衆生所発の心行を説いたものであるにもかかわらず、文を廻らし訓を転じてこれを如来の三信、如来招喚の勅命、如来清浄願心の廻向成就となし、すべてみなこれを如来に摂帰してきたのは、天台恵心流の本覚法門の説に基づいたものと認められる。『教行信証』第三に『涅槃経』の悉有佛性の文を引き、その下に一切衆生は畢定して、まさに大信心を得べきが故なり。この故に説いて一切衆生悉有佛性というなり。大信心はすなわちこれ佛性なり。佛性はすなわちこれ如来なりといい、また『浄土和讃』に信心よろこぶそのひとは、如来とひとしと説きたまう。大信心は佛性なり、佛性すなわち如来なりといい、信心すなわち佛性、佛性すなわち如来なりとしている。

（中略）

親鸞は本門の彌陀と我れら衆生との同体なることを明らかに説いてはおらぬが、しかしすでに我れらの佛性と如来とを同格としているのであるから、そのいわゆる如来は無始本覚の如来を指したものとすべきである。もししかりとすれば彼もまた我れら衆生を無始本覚の如来とし、我れらと彼の無始本覚の如来たる本門の彌陀との同体無二なることを認めたものといわねばならぬ。

（『浄土宗選集』五巻、二〇二〜二〇四頁）

明らかに宗祖の教えを誤解してはいるが、浄土宗では、真宗の本願力回向の義は天台恵心流の本覚法門に基づき立てられたものであり、主観的独断的解釈であると結論し、正義は往相回向・還相回向ともに衆生所発のものであるとする。

（二）還相の菩薩

真宗義に話をもどすが、宗祖は「証文類」で、第二十二願の成就による還相の菩薩がどのようなものであるかを、『論註』よりの長い引文で説明される。それが、『論註』観察体相章の文から続く利行満足章に至る文である。これからの講義は、この部分を少しずつ解説していくことにする。

まず、次のように『浄土論』の「未証浄心の菩薩」についての文を引かれる。

即彼ノ佛ヲ見レバ、未證浄心ノ菩薩、畢竟ジテ平等法身ヲ得證ス。浄心ノ菩薩與《ト》、上地ノ諸ノ菩薩與《ト》、畢竟ジテ同ジク寂滅平等ヲ得ルガ故ニトノタマヘリ。

（『浄聖全』二、一三八頁）

すでに、宗祖は、還相の仮名人の体が涅槃であると示されたが、ここでは寂滅という名で涅槃が表され体として平等なることが示されている。そして、その文証によって還相の菩薩の力用は、体が平等であるが故に起こるものであるとされる。

そこで「証巻」では、平等について詳述する『論註』の文が続いて引かれるが、宗祖の読みによってその文を味わってみたい。なお、講義では今までと同様に読み下し文にして適宜区切り、理解を助けるために『現代語版教行信証』の該当箇所を掲げておくことにする。文中の難解な用語については、『現代語版教行信証』の脚註を参照していただきたい。

平等法身者《ハ》、八地已上法性生身ノ菩薩也。寂滅平等之法也。此ノ寂滅平等ノ法ヲ得ヲ以ノ故ニ、名テ平等法身ト爲《ス》。平等法身ノ菩薩ノ所得ナルヲ以ノ故ニ、名テ寂滅平等ノ法ト爲ル也。此菩薩ハ報生三昧ヲ得《ウ》。三昧神力ヲ以テ、能ク一處・一念・一時ニ、十方世界ニ徧シテ、種種ニ一切諸佛及諸佛大會衆海ヲ供養ス。能ク无量世界ニ佛法僧无《マシマサヌ》處ニ於《シテ》、種種ニ示現シ、種種ニ一切衆生ヲ教化シ度脱*一シテ、常ニ佛事ヲ作ス。初メニ往來ノ想《オモヒ》・供養ノ想・度脱ノ想无シ。是ノ故ニ此身ヲ名テ平等法身ト爲《ス》。此ノ法ヲ名テ寂滅平等ノ法ト爲《ス》。

未證淨心ノ菩薩者《ハ》、初地已上七地以還ノ諸ノ菩薩也。此菩薩、亦能ク身ヲ現コト、若ハ百若ハ千、若ハ萬若ハ億、若ハ百千萬億、无佛ノ國土ニシテ佛事ヲ施*二作ス。要*三ラズ心ヲ作シテ三昧ニ入テ、乃シ能ク作心セ不ルニ非ズ。作心ヲ以ノ故ニ、名テ未證淨心ト爲《ス》。此ノ菩薩、安樂淨土ニ生テ卽阿彌陀佛ヲ見ムト願ズ。阿彌陀佛ヲ見ル時、上地ノ諸ノ菩薩與《ト》、畢竟ジテ身等《ヒト》シク法等《ト》シト。龍樹菩薩・婆藪槃頭《ソバヅ》菩薩ノ輩《トモガラ》、彼《コ》ニ生ト願ズル者《ハ》、當ニ此ノ爲メナルベシ耳《ナラクノミ》ト。

（『浄聖全』二、一三八頁）

＊一　「脱」に「マヌカル」と左訓
＊二　「施」に「ホドコス ハヅストモ」と左訓
＊三　「要」に「モトム」と左訓

【意訳】

平等法身とは、八地以上の位にある菩薩の身で法性から生じた身である。寂滅平等とは、この法身の菩薩のさとる平等の法である。この寂滅平等の法を得るから平等法身というのである。この菩薩は、報生三昧を得る。その三昧の力により、いながらにして、時を経ず、一度にすべての世界に行って、すべての仏およびその仏のもとに集う大衆を、さまざまに供養する。また、数限りない世界の、仏・法・僧の三宝のないところでさまざまなすがたを現し、すべての衆生をさまざまに導き救い、常に衆生救済のはたらきをする。もとより、行き来するという思い、供養するという思い、救済するという思いはない。そういうわけで、この菩薩の身を平等法身というのであり、この法を寂滅平等の法というのである。

まだ自他のとらわれが残っている菩薩というのは、初地から七地までの菩薩である。この菩薩も、百、あるいは千、あるいは万、あるいは億、あるいは百千万億の身を現して、仏のおられない国土で衆生救済のはたらきをすることができるが、その場合、必ず心をはたらかせ努力して三昧に入るのであって、努力することなく三昧に入るのではない。それで、七地までの菩薩はまだ自他のとらわれが残っている、というのである。この菩薩は、浄土に生れて阿弥陀仏を見たいと願う。阿弥陀仏を見るとき、八地以上の菩薩がたとついには同じく平等法身を得、寂滅平等の法をさとることができるのである。龍樹菩薩や天親菩薩のような方々が、阿弥陀仏の浄土に生れたいと願われたのは、まさにただこのためである。

（『現代語版教行信証』、三四二～三四三頁）

ここでは、龍樹菩薩と天親菩薩が浄土に生まれたいことの理由が示される。それは、ひとえに平等法身を得るためであるという。すべての菩薩は、八地以上の平等の法を悟る身を得た果報により生じた自然に種々の身を示現する報生三昧の境地になるのである。その境地になって初めて真の衆生救済、完全な利他行が可能になるのである。それこそが、衆生の浄土往生の真の目的であり、親鸞聖人が『歎異抄』の第四条、第五条で述べられた衆生済度に関わる言葉の意味がより明らかになる。

次いで『論註』では、阿弥陀仏を見ることによって平等法身がなぜ得られるのかを、問答形式で次に論じている。

問曰、『十地經』ヲ案ズルニ、菩薩ノ進趣*一*二階級《カイキウ》*三*四、漸《ヤウヤ》ク无量ノ功勳《クン》*五有リ。多ノ劫數ヲ逕《フ》。然《シカウ》シテ後チ乃シ此ヲ得《ウ》。云何ゾ阿彌陀佛ヲ見ツル時、畢竟ジテ上地ノ諸ノ菩薩與《ト》、身等シク法等シキ邪《ヤ》。

答曰、畢竟者《ハ》未ダ卽等シト言《イ》フニハアラズト也ト。畢竟ジテ此ノ等キコトヲ失セ不ルガ故ニ、等言フ耳《ナラクノミ》ト。

問曰、若シ卽等シ不《ズ》ハ、復何ゾ菩薩ト言コトヲ得ム。但初地ニ登《ノボ》レバ、以テ漸ク増進シテ、自然ニ當ニ佛與《ト》等シカルベシ。何ゾ假《カリ》ニ上地ノ菩薩與《ト》等シト言《イ》フヤ。

答曰、菩薩七地ノ中ニ於《シテ》大寂滅ヲ得レバ、上《カミ》ニ諸佛ノ求ム可《ベキ》ヲ見不《ミズ》、下モニ衆生ノ度可キヲ見不《ズ》。佛道ヲ捨テ、於實際《サイ》*六ヲ證セムト欲ス。爾《ソ》ノ時ニ若シ十方諸佛ノ神力加勸*七*八ヲ得不、卽-便《ナハチ》滅度シテ二乗與《ト》異无ケム。菩薩、若安樂ニ往生シテ阿彌陀佛ヲ見マツルニ、即此ノ難无ケム。是ノ故ニ須ラク畢竟平等ト言フベシ。

（『浄聖全』二、一三八～一三九頁）

＊一　「進」に「ス、ミ」と左訓
＊二　「趣」に「オモムク」と左訓
＊三　「階」に「シナワイ」と左訓
＊四　「級」に「シナワイ」と左訓
＊五　「勳」に「ニホフ」と左訓
＊六　「際」に「キワ」と左訓
＊七　「加」に「クワウ」と左訓
＊八　「勸」に「ス、ム」と左訓

【意訳】

問うていう。『十地経』をうかがうと、菩薩がその位を進めるのは、限りない功徳を積み、はかり知れないほどの長い時を経て、やっと進めることができるのである。それなのに、阿弥陀仏を見たてまつるとき、ついにはその身も法も八地以上の菩薩がたと等しくなるというのは、どのようなわけであろうか。

答えていう。〈ついには〉というのはそのままただちに等しくなるということではない。ついには必ず等しくなるから、等しくなるというだけのことである。

問うていう。もし、ただちに等しくないのなら、どうして菩薩という必要があろうか。初地の位にまで至れば、そこからだんだんと進んで、おのずから必ず仏と等しくなるはずである。仏と等しいといわずに、どうしてわざわざ八地以上の菩薩と等しいというのか。

答えていう。菩薩が七地においてすべては本来空であると知ると、上に向かっては求めるべき仏のさとりもなく、下に向かっては救済すべき衆生もないと考える。そして以後の仏道修行を捨ててその境地に安住してしまおうとする。そのときに、もしすべての世界の仏がたがすぐれた力で勧め励ましてくださらなければ、そのまま自分だけのさとりに閉じこもって、声聞や縁覚と同じになってしまう。菩薩が浄土に往生して阿弥陀仏を見たてまつると、このような恐れはないであろう。このようなわけで、ついには八地以上の菩薩と等しくなるという必要があるのである。

（『現代語版教行信証』、三四三～三四五頁）

現存する『十地経』と題する経典は中国唐代のものである。ここに記された『十地経』はそれ以前、曇鸞（四七六～五四二）の時代のものである。したがって、欠本を除けば、鳩摩羅什が四〇八（弘始一〇）年に訳した『十住経』か、東晋で仏駄跋陀羅が訳した『大方広仏華厳経』六十巻（以下『六十華厳経』と略）の「十地品」か、その別行本ということになる。ただし、親鸞聖人がそれ以降に翻訳された『華厳経』など、いずれの経典を『十地経』と捉えていたのかは不明である。

なお、本文の問答の内容は、古来、「七地沈空の難」と呼ばれるものであるが、筆者が付した傍線部分は次の『六十華厳経』の傍線部分を指すものであろう。同経では、先に十地について「一に曰く歓喜なり。二に曰く離垢なり。三に曰く明なり。四に曰く焔なり。五に曰く難勝なり。六に曰く現前なり。七に曰く遠行なり。八に曰く不動なり。九に曰く善慧なり。十に曰く法雲なり」（『大正新脩大蔵経』九巻、五四二～五四三頁）と述べ、第七遠行地から第八不動地の無生法忍を得るまでの菩薩の修行について金剛蔵菩薩が次のように語ると記す。同経の訓読は筆者が便宜上行った。

金剛蔵菩薩の言はく、「佛子よ、菩薩摩訶薩は、已に七地にて微妙なる行と慧を習し、方便の道は淨らかなり。善く助道の法を集め大願力を具し、諸佛の神力の所護にて、自の善根にて力を得、常に如來の力に隨順し畏れ無く不共法を念じて、直心は深心にて清淨なり。福徳智慧を成就し大慈大悲にて衆生を捨てず修行すること無量の智道なり。諸の法に入るに本來、無生・無起・無相・無成・無壊・無來・無去・無初・無中・無後なりと、如來の智に入る。一切の心・意・識・憶・想・分別は、貪著する所無し。一切の法は虚空の如き性なり。是を菩薩は無生法忍を得て第八地に入ると名く」と。

（『大正新脩大蔵蔵』九巻、五六四頁中段）

なお、あえて記すほどのこともないのであるが、この経文に続く『六十華厳経』には、「佛子よ、是の菩薩は是の地に隨順す、本願力を以ての故に。」（同書、同頁）と、「本願力」という語句が出ている。この文によっても「本願力」という用語が『浄土論』での特別な語句ではないことが知られる。なお、当然のことであるが、ここでの本願力は八地の菩薩の本願力であって阿弥陀仏のものではない。

続いて、『論註』では、浄土の菩薩が一地ずつ位を上るのではなく、速やかに仏と成る道理が示される。これこそが、往生即成仏の真宗としての論理的根拠である。

第六講

（一）往生即成仏

ここでは、浄土では段階的に成仏するのではなく、速やかに成仏する根拠が明かされている。その『論註』の引文が先の文に続くものである。

復次ニ『无量壽經』ノ中ニ、阿彌陀如來ノ本願ニ言ク、設我佛ヲ得ラムニ、他方佛土ノ諸ノ菩薩衆、我國ニ來生シテ、究竟シテ必一生補處ニ至ラム。其ノ本願ノ自在ノ所化、衆生ノ爲ノ故ニ、弘誓ノ鎧*一ヲ被《キ》テ、徳本ヲ積累*二*三シ、一切ヲ度脱セシメ、諸佛ノ國ニ遊テ、菩薩ノ行ヲ修シ、十方諸佛如來ヲ供養シ、恆砂无量ノ衆生ヲ開化*四シテ无上正眞之道ヲ立セ使メムオバ除ク。常倫*五ニ超出シ、諸地之行現前シ、普賢之徳ヲ修習*六セム。若シ爾ラ不者《ズハ》、正覺ヲ取ラ不《ジ》ト。此『經』ヲ按ジテ彼ノ國ノ菩薩ヲ推《スイ》スルニ、或一地從一地ニ至ラ不ル可シ。十地ノ階*七《カイ》次ト言者《ハ》、是釋迦如來閻浮提ニ於《シテ》一ノ應化道耳《ラクノミ》ト。他方ノ淨土ハ、何ゾ必此クノ如クセム。五種ノ不思議ノ中ニ、佛法最《サイ》*八不可思議ナリ。若シ菩薩必一地從一地ニ至テ、超越之理无*九ト言ハヾ、未ダ敢《アヘ》テ詳《ツマビラ》カナラザル也。

譬バ樹《キ》有リ、名テ好堅《ケン》ト曰フ、是ノ樹《キ》、地ヨリ生ジテ百歳ナラム、乃シ具《ツブサ》ニ一日ニ長高ナルコト百丈ナルガ如シ。日日ニ此ノ如シ。百歳之長《タケ》ヲ計《ハカ》ルニ、豈循《アニシウ》*一〇 松《シヨウ》*一一ニ類*一二セム邪《ヤ》。松ノ生長スルヲ見ニ、日ニ寸ヲ過ギ不《ズ》。彼ノ好堅ヲ聞テ、何ゾ能ク卽日ヲ疑ハ不ラム。人有テ釋迦如來羅漢ヲ於一聽*一三キテ證シ、无生ヲ於終《シウ》朝*一四制ストノタマヘルヲ聞テ、是レ接*一五 誘《イウ》*一六之言《ミコト》ニシテ稱實之說ニ非ズト謂《オモ》ヘリ。此ノ論事ヲ聞テ、亦當ニ信ゼ不《ザ》ルベシ。夫レ非常之言《トバ》、、常人之耳《ミヽ》ニ入ラ不《ズ》。之ヲ然ラ不《ズ》ト謂《モ》ヘリ。亦其レ宜シカル可キ也。

*一　「鎧」に「ヨロイ」と左訓
*二　「積」に「ツミ」と左訓
*三　「累」に「カサヌ」と左訓
*四　「化」に「メグム」と左訓
*五　「倫」に「トモガラ」と左訓
*六　「習」に「ナラフ」と左訓
*七　「階」に「シナワイ」と左訓
*八　「最」に「モトモ」と左訓

*九　「理」に「コトハリ」と左訓
*一〇　「循」に「ナガシ」と左訓
*一一　「松」に「マツ」と左訓
*一二　「類」に「タトウ」と左訓
*一三　「聴」に「キク」と左訓
*一四　「制」に「トヾム」と左訓
*一五　「接」に「トル」と左訓
*一六　「誘」に「コシラフ」と左訓

（『浄聖全』二、一三九～一四〇頁）

【意訳】

また、次に、『無量寿経』の中には、阿弥陀仏の誓願（第二十二願）として、〈わたしが仏になったとき、他の仏がたの国の菩薩たちが、わたしの国に生まれてくれれば、必ず菩薩の最上の位である一生補処の位に至らせよう。それぞれの希望によって、自由自在に人々を導くため、かたい決意に身を包んで、多くの功徳を積み、すべてのものを救い、仏がたの国に行って菩薩の行を修め、すべての世界の仏がたを供養し、数限りない人々を導いてこの上ないさとりを得させることも自由にできる。すなわち、通常に超えすぐれて菩薩の徳をすべてそなえ、大いなる慈悲の行を実践できる。もしそうでなければ、わたしは決してさとりを開くまい〉と説かれている。

この経文から考えてみると、浄土の菩薩は、初地から二地、二地から三地へと順次に位を進めるのではないであろう。十地という段階は、釈尊がこの娑婆世界に出られて衆生を導かれる一つの教え方なのである。阿弥陀仏の浄土でも、どうしてこれと同じであるといえようか。さまざまな不可思議のうちで、仏法がもっとも不可思議である。菩薩は必ず一地ずつ位を進めるのであって、位を飛び超えて進むという道理はないというなら、それは仏法の不可思議ということをよく知らないのである。

たとえば好堅という木がある。この木が地面から生じて百年たったとしよう。地上に出てからは、毎日百丈ずつ伸びていくのであるが、百年たってこの木の高さを計ったなら、いくら背が高いといっても松の木などでは比較にならない。松の成長するのを見ると、一日に一寸も伸びない、だから世の人が、この好堅の木のことを聞いても、一日に百丈伸びることなど、どうして信じることができようか。ある人は、釈尊が一度の説法でたちまち阿羅漢のさとりを開かせ、朝食前のひとときに無生法忍に至らせたということを聞いて、これはただ仏法に導くためにいわれたことであり、実際の話ではないと思った。そういう人は、浄土の菩薩が位を飛び超えて進むということを聞いても、やはり信じないであろう。そもそも世間の常識を超えた話は普通の人の耳には入らず、聞いてもそういうことはないと思うものである。それも仕方のないことではある。

（『現代語版教行信証』、三四五～三四七頁）

筆者が付した傍線部分は、『現代語版教行信証』では原文の「本願」の言葉が、「誓願」あるいは「希望」となっている。それは、真宗では「本願」を第十八願とすることが多いので、他の部分の本願の語による誤解を防ぐためであろう。

原文の最初の「阿彌陀如來ノ本願」は、法蔵菩薩の菩薩としての本（もと）の願ということである。つまり、四十八願の一一の願いのことである。その一つである第二十二願を挙げている。次の「其ノ本願ノ自在ノ所化」の「本願」は、他仏国土より往生した菩薩の衆生済度を願う本（もと）の願である。本願という文言に十分注意を払うべきである。

次いで問題にすべきなのは、「他方佛土ノ諸ノ菩薩衆、我國ニ來生シテ」ということである。この菩薩が他仏国土の菩薩であるのか、または、浄土往生のすべての衆生を指すものであるのかという問題がある。それについて次章で考えてみたい。

（二）他仏国土の菩薩

浄土に来生した仮名人についての本願寺派宗学上における二大学派それぞれの解釈と浄土宗のそれの解釈の文の注視すべき所に筆者が傍線を付して挙げてみる。

まず、石泉学派の祖である僧叡和上（一七五三〜一八二五、或いは一七六二〜一八二六）の『教行信証文類随聞記』には、直接的に他仏国土の菩薩について触れないが、「往生人」あるいは、「我等衆生」と記すことにより、他仏国土の菩薩に限るものではないことが知られる。

此コテ二十二願ノ全文ヲ引ク所詮ハ。超證ヲ明スニ在リ。

（中略）

法藏ガ五念ヲ勤メテ。自利々他ノ行不足ナク調フトハ。往生人ノ因行ヲ。佛ノ方ニ調ヘルナリ。法藏ノ因行。全ク行者ノ因徳ナリ。速得成就無上道ハ。法藏ノ果號。南無阿弥陀佛ガ調フナリ。其因徳カ行者ノ因徳トスレバ。其レニ酬テ。速得成就無上道ノ果ヲ成ズ。此レ衆生所應得ノ果ガ佛邊ニテ調フナリ。我等衆生ニ迴向アラル、ハ。ソノ法體ハ。因果一トスルナリ。此ニハ因ト果トヲ。一ツニツク子タト云フデ無シ。一體ニ因果不二ノ法ナリ。

（『新編真宗全書』教義編九巻、二一四頁・『真宗全書』二八巻、二一四頁）

また、空華学派では第二十二願の他仏国土の菩薩を、明確に「一切凡聖」・「十方衆生」とする。空華派の学説をまとめた松島善譲和上（一八〇六〜一八八六）の『顕浄土教行証文類敬信記』には、次のように記している。

此二十二願ニ就テ還相教化地ノ趣キヲ詳ニシ給フ。上ノ二問答ハ次第漸進。今ハ頓悟超越。此願ヲ引テ顯スハ此ノミニ非ス。利行滿足章ニハ此願ヲ引終テ得速三證トノ玉フ。彼處モ頓悟超越ト取ル意ナリ。今モ亦然リ。略シテ願文ヲ釋セハ。大分爲レ三。一ニ標二所爲人一。（他方等文）二ニ擧二所願一。（來生等）三ニ結二誓約一。（若不生者等）初ノ中諸菩薩衆トハ。先輩ノ中一義テハ。願功誓重ノ大菩薩ヲ指スト云。是會疏ノ意。又他家テハ望西ノ意ハ。唯此ハ地上ノ聖者ニ局ルト。空華先師ノ説ニ依レハ。此ハ廣ク一切凡聖ニ通スルト。本願テ云ヘハ則十方衆生。彼土ニ至リテ見レハ。則此カ直ニ他方佛國ノ諸菩薩衆ト云モノ。皆能化ノ佛ニ隨ヘテ申セハ一切佛國ト云ハレル。縱令凡夫ニテモ佛德ニ就ハ。全ク菩薩ト云ヘキナリ。

（『新編真宗全書』教義編一〇巻、八二六頁・『真宗全書』三一巻、三一六頁）

なお、誤らないように指摘しておくが、この善譲和上の文中での「本願」は第二十二願文中の「本願」の語ではなく、当然第十八願のことである。また、「先輩ノ中一義テハ。願功誓重ノ大菩薩ヲ指スト云。是會疏ノ意」とは、峻帯（一六六四〜一七二一）の『佛説無量壽經會疏』のことである。一応、その該当文を挙げておく。

初に他方佛土等とは、是れ所爲の人を標す、卽ち下に列するところの十四佛國及び十方無數の薩埵なり、阿毗跋致を求むるに必ず勝縁に託す、未證淨心は速かに寂滅平等を得んと欲す、寂滅平等の大士は速かに菩提を得んと欲す、故に彼土に願生するなり

（『真宗叢書』三巻、一六七頁）

これら真宗とは異なり、善譲和上が、「他家」では、「地上ノ聖者ニ局ル」と指摘した他派であるが、それは浄土宗鎮西流と思われるので、良忠の註釈を見てみたい。良忠は『往生論註記』において、『論註』の「或可不従一地等」の文句を解釈する中、『思益経』と『楞伽経』と天台の南岳大師

慧思（五一五～五七七）の説を例として挙げ、次のように問答を掲げる。漢文なので原文の文字をできるだけ残しつつ句読点を付して書き下しておく。したがって、訓読では読まない文字も出してある。


南岳ノ云ク。妙法蓮華修行ノ人ハ一地従一地ニ至ラ不。已上
問。武ノ言ノ表スル所何ノ義有リヤ耶。

答。上ニ經位ト云、下ニ不經ト云。故ニ今或ノ言ヲ置ク。

問。上ニハ經劫ト云、今ハ不經ト云。何レカ實義ナル耶。

答。上ハ一往ニ約シ今ハ再往ニ約ス。既ニ本願ヲ引テ以テ明證ト爲。知ヌ實義ナルコトヲ也。又上ニ經劫ト云者、別願ノ菩薩、衆生ノ爲ノ故ニ、多劫ヲ經歴シテ菩薩ノ道ヲ行シ、上位ニ進マ不ルコトヲ釋ス。今、不至一地ト云ハ者、別願無ノ菩薩、阿彌陀ノ願ニ託シテ必ス補處ニ至ルコトヲ釋ス、故ニ相違セ不。

問。若爾ハ何カ故ソ觀經ノ中ニ即悟經宿一劫三劫ノ差別有ルヤ。

答。彼ハ地前ニ就テ時ノ長短ヲ明シ、今ハ地上ノ菩薩ノ爲ニ此ノ本願ヲ發スニ約ス。相違セ不。況ヤ今ノ願ノ意ハ他方ノ大菩薩衆ヲ攝スルニ約ス。何ソ彼土ノ新生ノ凡夫ニ類セン。

（『浄全』一、三二九～三三〇頁）

以上のように、真宗では第二十二願における他仏国土の菩薩を「衆生の往生人」とするが、浄土宗鎮西流では、当面の文言通り、「他仏国土の菩薩」とする。当然のことながら、良忠の文中の「本願」も第十八願ではなく、第二十二願のことである。

上述のような真宗の理解に立てば、浄土の往生人は完全な悟りを得ていることになり、浄土往生が即ち成仏であることになる。ついで、『論註』では、その阿弥陀如來と往生人との主伴の関係が説明される。この文を親鸞聖人が続けて挙げられることによって、往生人が阿弥陀如来と同じ悟りを得た仏ではあるが、阿弥陀如来と同じになるのではないことが明かされる。また、往生人の得た徳のすべてが阿弥陀如来の不虚作住持功徳成就による本願力回向によるものであることが説明される。それが『論註』での『浄土論』引用の筆者が付した波線部分の親鸞聖人による「成就シタマヘルヲ示現シタマヘル」と送り仮名がなされることと、同じく筆者が付した傍線部分の「荘嚴不虚作住持ヲ觀ズ」の文によって証明されるであろう。なお、『浄土論』の部分を明確にするために、これ以降の『論註』の『浄土論』引用の箇所には同様に波線を引くこととする。

略シテ八句ヲ說テ、如來ノ自利利他ノ功德莊嚴、次第ニ成就シタマヘルヲ示現シタマヘルナリト、知ル應シ。此ハ云何ガ次第ナルトナラバ、前ノ十七句ハ是レ莊嚴國土ノ功德成就ナリ。既《スデ》ニ國土ノ相ヲ知ヌ、國土之主ヲ知ル應シ。是ノ故ニ次ニ佛莊嚴功德ヲ觀ズ。彼ノ佛若シ莊嚴ヲ爲《ナ》シテ、何ノ處ニ於《シテ》カ座スルト。是ノ故ニ先ヅ座ヲ觀ズベシ。既ニ座ヲ知ヌ、已ニ宜《ヨロ》シク座主ヲ知ルベシ。是ノ故ニ次ニ佛身業ヲ莊嚴シタマヘルヲ觀ズ。既ニ身業ヲ知ヌ、何ナル聲名カ有《マシマ》スト知ル應シ。是ノ故ニ次ニ佛口業ヲ莊嚴シタマヘルヲ觀ズ。既ニ名聞ヲ知ヌ、宜シク得名ノ所以《ユヘ》ヲ知ベシ。是ノ故ニ次ニ佛ノ心業ヲ莊嚴シタマヘルヲ觀ズ。既ニ三業具足シタマヘルヲ知ヌ、人天ノ大師ト爲《ナ》テ化ヲ受ルニ堪《タ》ヘタル者《ヒト》ハ是レ誰ゾト知ル應シ。是ノ故ニ次ニ大衆ノ功德ヲ觀ズ。既《デ》ニ大衆无量ノ功德有《イマ》スコトヲ知ヌ、宜《ロ》シ上首者誰《ハタレ》ゾト知ルベシ。是ノ故ニ次ニ上首ヲ觀ズ。上首ハ是佛ナリ。既ニ上首恐《オソラク》ハ長劫ニ同キコトヲ知ヌ。是ノ故ニ次ニ主ヲ觀ズ。既ニ是ノ主ヲ知ヌ、主何カナル增*一上カ有《マシマ》スト。是ノ故ニ次ニ莊嚴不虛作住持ヲ觀ズ。八句ノ次第成ゼル也。

(『浄聖全』二、一四〇頁)

*一　「增」に「マサル スグルトモ」と左訓

【意訳】

『浄土論』に〈略して八種の功徳をあげ、このような順序で仏の自利利他の功徳が成就されていることを示した。よく知るべきである〉と述べられている。どのような順序であるのかといえば、さきの十七種は、阿弥陀仏の国土にそなわる功徳の成就である。すでに国土のすがたを知ったから、国土の主を知らなければならない。このようなわけで、次に阿弥陀仏にそなわる八種の功徳を観ずるのである。阿弥陀仏は、功徳をそなえて、どのような座にすわっておられるのか。そこでまず座を観ずるがよい。座を観じたなら、その座の主を知らなければならない。そこで次に仏の身業にそなわる功徳を観ずる。身業について知ったなら、どのような名号をあらわされたのかを知らなければならない。そこで次に仏の口業にそなわる功徳を観ずる。口業により仏の名号があらゆるところに聞えることを知ったなら、その名号を得られた理由を知らなければならない。そこで次に仏の意業にそなわる功徳を観ずる。このようにして、阿弥陀仏が身・口・意の三業すべてに功徳を成就しておられるのを知ったなら、次に人間や神々を導く大師となられた仏の教えを受けるのはだれであるかを知らなければならない。そこで次に仏のもとに集う人々の功徳を観ずる。その人々にはかり知れない功徳があることを知ったなら、その中心となって導くものはだれであるかを知らなければならない。そこで次に中心となるものを観ずる。中心となるものは阿弥陀仏である。人々の中心となるものを知ったが、阿弥陀仏が中心となるのは年の上下によると思われるおそれがある。そこで次に仏は主であることを観ずる。この主を知ったなら、主にはどのようなすぐれた徳があるかを知らなければならない。そこで次に仏力がいつわりでなく変らないという不虚作住持の功徳を観ずる。阿弥陀仏にそなわる八種の功徳の順序はこのようにして成り立っているのである。

(『現代語版教行信証』、三四八～三五〇頁)

不虚作住持とは、虚妄なき作用が住まり保持されるということである。つまり、真実のはたらきのことであるが、それこそが本願力である。それを『論註』では明確に記している。ちなみにその文を親鸞聖人は『教行信証』「行文類」に引かれているので、次に該当文を挙げて傍線を引いて示しておく。

『浄土論』ニ曰ク、「何ニ者《ノ》カ荘嚴不虚作住持功徳成就、偈ニ佛本願力ヲ観、遇テ空ク過ル者无、能速カニ功徳ノ大寶海ノ満足令故ニト言ヘリ。不虚作住持功徳成就者《ハ》、蓋《ケダ》シ是レ阿彌陀如來ノ本願力也。

（『浄聖全』二、五六頁）

そして、「証文類」に引用された『論註』では、阿弥陀如来の不虚作住持の本願力によって成仏し従果向因（従果降因）した菩薩が、衆生済度のために応化身を現すことを示す文が続く。

なお、第二十二願では、菩薩が一地ずつ仏に近づくのではなく、速やかに成仏することを表しているが、その内実は、寂滅平等の仏になることから衆生済度のために従果向因を示すものである。

石泉僧叡和上の『教行信証文類随聞記』には、次のように記す。

剋論スルト。其滅度中ヨリノ示現故。應ニ従フテ自在ナリ。次第漸進ニ宜シケレバ。其相ヲ現ハス。頓悟超越ニ宜シケレバ。其相ヲ示ス。其中勝劣ト分ル、ト。頓勝漸劣ノ方デ。二十二願ハ超證ガ表立ツナリ。其實ハ従果向因ニシテ。滅度ノ果後に現ル、無功用位故ニ十地經所説ノ次第階級トハ。大ニ異リタ者ト云フ。意ニ含テ斷ルナリ。

（『新編真宗全書』教義編九巻、二一四〜二一五頁・『真宗全書』二八巻、二一四〜二一五頁）

また、松島善譲和上の『顕浄土教行証文類敬信記』でも次のように述べる。

二十二願ノ教化地ハ。従果降因廣略相入無礙自在ニシテ。常途従因向果ノ菩薩ニ非ル事ヲ證ス。之ヲ要スルニ。一切皆彌陀本願力ノ然ラシムル所ナルヲ顯ス。

（『新編真宗全書』教義編一〇巻、八三〇頁・『真宗全書』三一巻、三二〇頁）

第七講

（一）従果向因

前講で述べた従果向因の菩薩が、応化身をもって衆生済度することを示す『論註』の文が次のものである。従果向因も阿弥陀如来の本願力によるものである。深く味わうためにいくつかの段落に分けて読むことにする。すでに述べたように、『浄土論』の引用文には波線を付しておく。

菩薩観ゼ者《バ》、云何菩薩ノ荘嚴功徳成就《ツク》*一ヲ観察*二*三スル。菩薩ノ荘嚴功徳成就ヲ観察セ者《バ》、彼ノ菩薩ヲ観ズルニ、四種ノ正修行功徳成就シタマヘルコト有ト、知ル應。眞如ハ是諸法ノ正體ナリ。體、如ニ而《シテ》行ズレバ則是不行ナリ。不行ニ而《シテ》行ズルヲ、如實修行ト名ク。體ハ唯一如ニ而《シテ》*四義ヲシテ分テ四ト爲《ス》。是ノ故ニ四行、一ヲ以テ正シク之ヲ絯《カイ》《カ》ヌ。

＊一　「就」に「ナル」と左訓
＊二　「観」に「ミソナハス」と左訓
＊三　「察」に「カヾム」と左訓
＊四　「義」に「ハカラウ」と左訓

（『浄聖全』二、一四〇～一四一頁）

【意訳】

菩薩を観ずるというのは、『浄土論』に、〈どのようにして浄土の菩薩にそなわる功徳の成就を観ずるのであろうか。菩薩にそなわる功徳の成就について観ずると、浄土の菩薩には、四種の正しい修行の功徳が成就されている。よく知るべきである〉と述べられている。真如がすべてのものの本当のすがたである。この真如にかなって修行すれば、それはとらわれを離れた修行である。とらわれを離れて修行するのを、真実にかなった修行というのである。浄土の菩薩の修行はこの唯一絶対のあり方においてなされるものであるが、意味の上で四つに分ける。このようなわけで、四種の修行を一つにまとめて正しい修行というのである。

（『現代語版教行信証』、三五〇頁）

当然のことであるが、この菩薩の功徳も阿弥陀如来の本願成就の力用であるから「四種ノ正修行功徳成就シタマヘルコト」と、尊敬して送り仮名が振られている。また、如実修行とは、一如平等による行であるから、いわゆる凡夫の行う自他を分別した行ではないと大乗仏教の空の立場より述べている。

この『論註』の文の内、「不行ニ而行ズルヲ、如實修行ト名ク」の文の解釈を、二十二願での菩薩は他方より浄土往生した大菩薩衆であると理解する浄土宗では次のように説明する。

> 不行而行ト者　不行ト言ハ者　即チ體如ニ約シ　而行ト言ハ者　則チ四行ニ約ス也　謂ク理體一如ナリ　故ニ分ツ可不　義用差別アリ　故ニ四行ヲ分ツ　是ノ故ニ四行眞如ニ非トイフコト莫シ　故ニ一ノ正以テ四行ヲ統也　又言　不行ト者　即チ正體智　而行ト言ハ者　即チ後得智也　又起信論ニ云ク　如實修行等ト　疏象香ニ云　唯地上ノ大菩薩僧ニ歸ス　謂ク　理證シ行ヲ起ス　如ハ如實修ナリ　下ノ文ニ云　法力熏習ニ依ル　是レ地前ノ行ナリ　如實修行ハ是レ地上ノ行ナリ
>
> （『浄全』一、三三一頁）

以上は、良忠の『往生論註記』の文である。浄土に往生した八地以上の大菩薩の行が真如と一体であることを明かし、真如を正体智とし、その用である行を後得智であると述べる。正体智とは根本無分別智であり、後得智とは根本智の後に得られる衆生済度にはたらく智である。二十二願での菩薩が、八地以上の大菩薩であることについては、良忠が同書ですでに説明をしている。ちなみに、七地以前の菩薩の正体智と後得智の関係については次のような良忠の解説がある。

於七地中得大寂滅等ト者
問　何カ故ソ此ノ位ニ諸佛ト衆生トヲ見不ヤ
答　無相ノ極理ニ住スレハ　上求下化ノ相ヲ見不ルナリ也
問　地上ノ菩薩地　地ニ皆正體後得ノ二智ヲ具ス　若シ爾ラハ　實智ノ前ニハ鎮ニ寂定ニ住シ權智ノ前ニハ常ニ求化ニ赴ク　何ソ化他ヲ忘レム
答　設ヒ地上ナリト雖トモ　空ニ於　有ニ於　互ニ偏増有ハ　正教ノ明文ナリ　云何ソ疑ヲ致サン
（『浄全』一、三三九頁）

以上の理解で浄土の菩薩の行と穢土の行者の行との関係を次の問答で明かす。

問　四種ノ正修行ト者　行者ノ行トヤ爲　菩薩ノ行トヤ爲

答　此ニハ所觀ノ菩薩ノ行ヲ擧也　但シ菩薩ノ行ハ如實ノ行ナルカ故ニ　行者モ亦如實ノ功徳ヲ得ルナリ也

（『浄全』一、三三一頁）

第二十二願文では菩薩についての行が示されるので、菩薩の行は後得智であるとされるのであるが、念仏行者にとっても修行は如實の功徳が得られると解釈するのである。

真宗と全く違う理解である。それでは、真宗はどのように解釈するのであろうか。

石泉僧叡和上は『教行信証文類隨聞記』巻三十四で次のように述べる。

不行而行名如實修行　此ハ浄土菩薩ノ上デ云コトナルガ。如實修行ノ名ハ起觀章ニモアリ。人ニハ生前生後。穢土淨土假名ノ違ヒアリ。其法ニ取テモ。體如ノ如ハ淨土眞證ノ所現ナリ。起觀章ノ行體ハ。無礙光如來名號ナリ。此レ他方世界ヲ流行スル音聲法ナリ。佛八句ノ中デハ。

（一）従果向因

口業功徳ニシテ。正覺大音響流十方ノ法ナリ。處モ異ハリ。人モ異ハリ。法モ不一ナレドモ。如實修行ト云フ義相ニナリテハ。彼此同一ナリ。起觀章ノ如實修行モ。破滿ハ名號ニ持ツ故。行者ノ稱功ハ一ツモ無シ。法體ノ德義ヨリシテ破滿スル故ニ。此處ハ不行ニテ。行者ハ一向無作ナリ。其無作ノ處ヨリシテ。而モ稱念スルガ而行ナリ。此レヨリ振リ返テ。讃歎門ノ釋モ會得スベシ。

（『新編真宗全書』教義編九巻、二一七〜二一八頁・『真宗全書』二八巻、二一七〜二一八頁）

良忠のように浄土の菩薩地の正体智である真如が体であり、その後得智として行があるとするのではない。浄土の菩薩の行の体は南無阿弥陀仏の名号であるとし、破闇満願の如実修行なのだから、念仏行者は無作であって不行であるが、無作であっても称名するので行であるとする。

普賢大圓著『真宗行信論の組織的研究』（一九三五年、百華苑）によれば、称名を論じる折衷能行説とされる石泉学派の僧叡和上は以上のように説明するのである。

これに対し、普賢和上によって圓融所行説とされる空華学派の松島善譲和上は、『顕浄土教行証文類敬信記』巻十三で称名には一切触れず、次のように述べる。長くなるが、空華学派が直接的に称名を論じない圓融所行説であることを印象づける文章なので関連する箇所を略せず出しておく。

體如而行等トハ。此四行ハ眞如ヲ體トスル。故ニ行ノ當體卽眞如ナリ。故ニ體如ト云。全レ性起レ修。故ニ而行ト云。全レ修是性ナルガ故ニ不行ト云。思益經云、凡有レ所レ行皆是不行。若行《スレハ》卽是不行。若不行《ナレハ》卽此行。ト。是ハ眞如ノ。外ニ少シモ加フル者ナク。性ヲ全シタル修ナルガ故ニ。修ノ當體ニ無作カ掛ル。又云。若人千萬億劫行《スレトモ》レ道。于二法性《テ》一不增不減。是故言二一切行非行一ト。之ヲ譬ヘハ海ニ千波萬波ヲ起セトモ。水ノ外ノ浪ニアラサルカ故ニ。起レトモ〳〵海水ノ爲ニハ不增不減ナリ。故ニ千波萬波ノ當體卽靜ニシテ。一波モ起ラザル水ナルガ如シ。

如実修行トハ。起觀生信章ニ出タリ。彼ト此トハ生前生後ノ異ナリ。彼ハ穢土ノ假名人。此ハ淨土ノ假名人。迷悟天淵ナレトモ。起行ノ體如ナル事全ク同シ。皆彌陀修德顯現ノ迴向ノ眞如ナレハナリ。由テ眞如トハ云ヘトモ。通途トハ大ニ異ナリ。淨入願心章ニ至テハ。三種莊嚴成就唯一法句ニ攝リ。因に就テハ願心ニ攝ル。彼ノ願心ト云モノ卽體如ノ願心。又一法句ト云モノ。彌陀正覺ノ果名卽實相ニシテ。此修德顯現ノ眞如ヨリ。往生ノ人モ娑婆ノ念佛行者モ。此ノ修德顯現ノ眞如ヲ讓ラレテアルガ故ニ。少モ如實修行ニ違ナシ。故ニ此世ノ善男女ノ上ニテモ如實ト云ヒ。彼土ノ還相ノ上ニテモ如實修行ト云。歸入願海ノ者ヲ一味平等ノ體如ノ如實修行ニ成スルハ。實ニ十方三世ニ比類ナキ彌陀不虛作ノ佛德ナリ。四種相ヲ別ルトモ。體ハ唯一

如ナルカ故ニ。一正ヲ以テ四ヲ統テ。四種ノ正修行ト云フ。此四種皆還相迴向教化地ノ益ニシテ。普賢ノ徳ヲ修習スル也

（『新編真宗全書』教義編一〇巻、八二九〜八三〇頁・『真宗全書』三一巻、三一九〜三二〇頁）

このように述べて、四種の行も阿弥陀仏の正覚の本願力回向であると明かす。

（二）四種の利他行

そこで、四種の行であるが、『論註』では『浄土論』の文言の第一の正修行功徳成就について述べる。

何者《ノ》オカ四ト爲《ス》ル。一ニ者《ハ》一佛土ニ於テ身動[*一]搖《エウ》[*二]セ不而《ズシテ》十方ニ徧ス、種種ニ應化シテ實ノ如ク修行シテ常ニ佛事ヲ作ス。偈ニ安樂國ハ淸淨ニシテ、常ニ无垢ノ輪ヲ轉ズ、化佛・菩薩ハ、日ノ須彌ニ住持スルガ如キノ故ト言マヘリ。諸ノ衆生ノ[*三]淤泥華ヲ開クガ故トノタマヘリ。八地已上ノ菩薩ハ、常ニ三昧ニ在テ、三昧力ヲ以テ身本處ヲ動ゼ不而《ズシテ》能ク徧ク十方ニ至テ、諸佛ヲ供養

シ、衆生ヲ教化ス。无垢[*四]輪者《ハ》佛地ノ功徳也。佛地ノ功徳ハ習[*五]氣・煩惱ノ垢无《マシマサズ》。佛諸ノ菩薩ノ爲ニ常ニ此ノ法輪ヲ轉[*六]ズ。諸ノ大菩薩、亦能ク此法輪ヲ以テ、一切ヲ開導シテ暫《ザム》[*七]時モ休《ク》[*八]息[*九]无ケム。故ニ常轉ト言フ。法身ハ日ノ如ク而《シテ》應化身ノ光諸ノ世界ニ偏スル也。日ト言ハヾ未ダ以テ不動ヲ明スニ足《タ》ラザレバ、復如須彌住持ト言フ也。淤泥華ト者《ハ》、『經』ニ言ク、高原ノ陸地ニハ蓮華生ゼ不。卑《ヒ》[*一〇]濕《シ》[*一一]ノ淤泥《オディ》ニ乃シ蓮華ヲ生ズ。此ハ凡夫煩惱ノ泥ノ中ニ在テ、菩薩ノ爲ニ開導セラレテ、能ク佛ノ正覺ノ華ヲ生ズルニ喩フ。諒《マコト》ニ夫レ三寶ヲ紹《ショウ》[*一二]隆[*一三]シテ、常ニ絶《タ》ヘ不ラ使《シ》ムト。

＊一　「動」に「オゴク」と左訓
＊二　「搖」に「ウゴク」と左訓
＊三　「淤」に「ケガラハシ」と左訓
＊四　「垢」に「アカ」と左訓
＊五　「習」に「ナラウ」と左訓
＊六　「轉」に「カブル」と左訓
＊七　「暫」に「シバラク」と左訓
＊八　「休」に「ヤミ」と左訓
＊九　「息」に「ヤム」と左訓
＊一〇　「卑」に「イヤシク」と左訓
＊一一　「濕」に「ウルオウ」と左訓

（『浄聖全』二、一四一頁）

＊一二　「紹」に「ツギ」と左訓
＊一三　「隆」に「タツ」と左訓

【意訳】

『浄土論』に、〈その四種とは何か。一つには、菩薩は一つの世界にいながら、その身を動かさずに、すべての世界にさまざまなすがたを現し、真実にかなった修行をして、常に衆生救済のはたらきをする。願生偈に《安楽国は清らかであって、煩悩の汚れのない仏の教えが常に説かれる。化身の仏や菩薩は太陽のようであり、また須弥山にたもたれているようである》といっている。すべての衆生の煩悩の泥の中に蓮の花を開くからである〉と述べられている。八地以上の菩薩は、常に三昧の境地にあり、その三昧の力によって、身はもとのところから動かないですべての世界に至り、仏がたを供養し、衆生を教え導く。〈煩悩の汚れのない仏の教え〉とは仏のさとりの功徳である。仏のさとりの功徳には、煩悩やその習気もない。仏は多くの菩薩たちのために、常にこの教えを説かれる。多くの菩薩たちも、この教えによってすべての人々を教え導いてかたときも休むことがない。そこで、〈常に説かれる〉というのである。

法身は太陽のようであって、その化身は太陽の光のように多くの世界に広く行きわたる。〈太陽〉というだけでは不動ということをあらわすのに十分でないから〈須弥山にたもたれているようである〉といったのである。〈煩悩の泥の中に蓮の花を開く〉とは、『維摩経』に〈高原の乾いた陸地には蓮の花は生じないが、低い湿地の泥沼には蓮の花が生じる〉と説かれている。これは、凡夫が煩悩の泥の中にあって、菩薩に教え導かれて、如来回向の信心の花を開くことができるのをたとえたのである。まことに菩薩は、仏・法・僧の三宝を次々と受け継いで広く盛んにし、絶えないようにされているのである。

（『現代語版教行信証』、三五〇～三五二頁）

ここでは、本来仏であるが、従果向因した菩薩が、化身をもって一所に居ながらにして全世界に現れ衆生教化することが明かされている。続けてその化身が瞬時に全世界に現れ衆生済度することが明かされる。

二ニ者彼《ハ》ノ應化身、一切ノ時、前《キ》ナラ不《ズ》後ナラ不《ズ》、一心一念ニ大光明ヲ放テ、悉ク能ク偏ク十方世界ニ至テ、衆生ヲ教化ス。種種ニ方便シ、修行所作シテ、一切衆生ノ苦ヲ滅除スルガ故ニ。

偈ニ无垢莊嚴ノ光リ、一念及ビ一時ニ、普ク諸佛ノ會ヲ照テ、諸群生ヲ利益ル故ト言ヘリ。上ニ不動ニ而《シテ》至ルト言ヘリ。或ハ至ニ前後有ル容《ベ》シ。是ノ故ニ復一念一時无前无後ト言ヘル也。

＊一　「會」に「アツマル」と左訓

（『浄聖全』二、一四一～一四二頁）

【意訳】

『浄土論』に、〈二つには、菩薩の化身は、あらゆる時において、前後なく同時に、しかも一瞬のうちに、大いなる光明を放ってすべての世界に至り、衆生を教え導いて、さまざまな手立てを施し、行を修めて、すべての衆生の苦しみを除く。願生偈に、《身にそなわる汚れのない光が、一瞬のうちに、かつ同時に、広くさまざまな仏がたの説法の座を照らして、多くの衆生に利益を与える》といっている〉と述べられている。さきに、菩薩は〈身は動かないですべての世界に至る〉といっているが、それだけでは至ることに前後があるとも考えられる。そこで、〈一瞬のうちに、同時に、前後なく〉といわれるのである。

（『現代語版教行信証』、三五二～三五三頁）

そして、化身の菩薩があらゆる世界の仏がたの功徳をたたえることが示される。

三者彼レ一切ノ世界ニ於テ、餘*一无ク諸ノ佛會ヲ照ス。大衆餘无ク廣大无量ニシテ諸佛如來ノ功德ヲ供養シ恭敬シ贊嘆ス。偈ニ天ノ樂・華・衣・妙香等ヲ雨リテ、諸佛功德供養シ讚ニ、分別ノ心有无ガ故ト言ヘリト。无餘ト者《ハ》、徧ク一切世界、一切諸佛大會ニ至テ、一世界・一佛會トシテ至不ルコト有コト无キコトヲ明ス也。肇公《デウコウ》ノ言ハク、法身ハ像チ无ク而《シテ》形ヲ殊《コト》ニス。竝《ナラビ》ニ至韻*二《キン》ニ應ズ。言《トバ》无ク而《シテ》玄*三籍*四《セキ》彌《イヨイヨ》　布*五《シ》キ、冥*六《ミヤウ》　權謀*七《ハカリゴト》　无ク而《シテ》動ジテ事與《ト》會*八ス ト。蓋《ケダ》シ斯ノ意也。

（『浄聖全』二、一四二頁）

＊一　「餘」に「アマル」と左訓
＊二　「韻」に「ヒヾキ」と左訓
＊三　「玄」に「アラハス」と左訓
＊四　「籍」に「フミ」と左訓
＊五　「布」に「アマネシ」と左訓
＊六　「冥」に「カソカナリ」と左訓
＊七　「謀」に「ボウ反」と左訓
＊八　「會」に「カナフ」と左訓

【意訳】

『浄土論』に、〈三つには、菩薩はあらゆる世界において、余すところなく仏がたの説法の座や大衆を照らして限りなく供養し敬い、仏がたの功徳をほめたたえる。願生偈に、《清らかな音楽や花や衣や香りなどによって供養し、仏がたの功徳をほめたたえるが、そこにわけへだての心はない》といっている〉と述べられている。〈余すところなく〉とは、広くすべての世界、すべての仏がたの説法の座に至るのであって、一つの世界、一つの説法の座も至らないところはないことをいうのである。僧肇が〈法身は一つのかたちに定まらないでさまざまなかたちを現し、さとりの声は一つの言葉に定まらないでさまざまな深い教えを行きわたらせ、さとりの心は一つの考えに定まらないでさまざまにはたらいて物事に対応する〉というのはこのことである。

（『現代語版教行信証』、三五三～三五四頁）

「肇公ノ言ハク」以下の引用は、鳩摩羅什の弟子である僧肇（三八四～四一四）の『注維摩詰経』の序にある、

法身無象而殊形並應。至韻無言而玄籍彌布。冥權無謀而動與事會。
（法身ハ象無ク而形ヲ殊ニス。並ニ至韻ニ應ズ。言無ク而玄籍彌布キ、冥權謀無ク而動ジテ事與會ス）

（『大正新脩大藏経』三八巻、三二七頁上段）

の文である。三種目では、無分別平等なる法身が化身たる菩薩の利他行の根源であることが示されている。

そして、四種目である。

四ニ者《ハ》彼レ十方一切ノ世界ニ三寶无《マシマサヌ》　處ニ於テ、佛法僧寶功德大海ヲ住持シ莊嚴シテ、偏ク示メシテ如實ノ修行ヲ解ラ令ム。偈ニ何等ノ世界ニカ、佛法功德寶无《マサヾラム》、我願皆往生テ、佛法示メシテ佛ノ如セムト言タマヘルガ故ト。上ノ三句ニ偏ク至ト言ト雖モ、皆是有佛ノ國土ナリ。若シ此ノ句无クハ、便チ是法身所トシテ法ナラ不ルコト有ラム。上善所トシテ善不ルコト有ラム。

（『浄聖全』二、一四二頁）

【意訳】

『浄土論』に、〈四つには、菩薩はすべての世界の、仏・法・僧の三宝のないところで、海のように大いなる三宝をたもち伝えてほめたたえ、真実にかなった修行を衆生に広く示してお教えになる。願生偈に、《どこか仏法の功徳のない世界があるのなら、わたしが行って、仏のように仏法を説き示そう》といっている〉と述べられている。さきにあげた三つの菩薩のはたきは、すべての世界に至るといってもすべて仏のおられる国である。もしこの第四のはたらきがなければ、法身も至らない世界があることになり、すぐれた善もまことの善とならない世界があることになるだろう。

（『現代語版教行信証』、三五四〜三五五頁）

この四種目によって全世界への利他行が完成されるのである。最後に観察行の対象である浄土と仏と菩薩の三荘厳の体と相とのすべて明かされたことを次の文をもって示されている。

観行ノ體相ハ竟リヌ。

（『浄聖全』二、一四二頁）

（『現代語版教行信証』、三五五頁）

【意訳】

以上で、観行体相は終る。

第八講

（一）浄入願心

『論註』下巻冒頭に次のように記している。

『宗祖加点本』

論曰ハ

此ハ是レ解義分ナリ・此ノ分ノ中ニ義二十重有リ　一者・願偈大意・二者・起観生信・三者・観行躰相・四者・淨入願心・五者・善巧攝化・六者・離菩提鄣・七者・順菩提門・八者・名義攝對・九者・願事成就・十者・利行滿足ナリ。

（『浄聖全』三、三八三頁）

この文の「四者・淨入願心」を受けて「已下ハ是解義ノ中ノ第四重ナリ。名テ淨入願心ト爲」で始まるのが、浄入願心章である。宗祖は、「証文類」の還相回向釈の引文に第三重である観行体相（観察体相）章の最初から用いられるのではなく、後半部分の「平等法身」を説く箇所から用いられている。このことは、還相回向釈の根拠が、仏の平等法身にあることを示しているのであるが、「証文類」では、この引文に続く浄入願心章以降の利行満足章までも引文として用いられている。したがって、この浄入願心章以降も平等法身の本質である法性・智慧や力用である方便を示す還相の内容であると理解されたのであろう。この立場で以下の文を味わってみたい。

已下ハ是解義ノ中ノ第四重ナリ。名テ淨入願心ト爲《ス》。

淨入願心者《ハ》、又向《サキ》ニ観察莊嚴佛土功德成就・莊嚴佛功德成就・莊嚴菩薩功德成就ヲ說キツ。此ノ三種ノ成就ハ願心ノ莊嚴シタマヘルナリト、知應シトイヘリ。應知ト者《ハ》、此ノ三種ノ莊嚴成就ハ、本ト四十八願等ノ清淨ノ願心之莊嚴セル所ナルニ由テ、因淨ナルガ故ニ果淨ナリ、因无クシテ他ノ因ノ有《ア》ルニハ非ズト知ル應シト也。

（『浄聖全』二、一四二～一四三頁）

【意訳】

以下は、解義分の第四章である。浄入願心という。

浄入願心というのは、『浄土論』に、〈さきに、阿弥陀仏の国土にそなわる功徳の成就と、阿弥陀仏にそなわる功徳の成就と、浄土の菩薩にそなわる功徳の成就とを観ずることを説いた。この三種の功徳の成就は、法蔵菩薩の願心によるものである。知るべきである〉と述べられている。〈知るべきである〉とは、この三種の功徳の成就は、因位の四十八願などの清らかな願心によるものであり、その因位の願心が清らかであるから、結果として成就された功徳も清らかとなるのである。法蔵菩薩の因位の願心によって成就されたのであるから、因がないのではなく、また他の因によったのでもないことを知るべきである、という意味である。

（『現代語版教行信証』、三五五頁）

（二）広略相入

『論註』では先の説明に続いて浄土の様相のすべては、清浄という言葉に収まるものであることが明かされる。そして、二種の法身が示され、その関係が明らかにされる。

略シテ入一法句ヲ說クガ故ニトノタマヘリ。上ノ國土ノ莊嚴十七句ト、如來ノ莊嚴八句ト、菩薩ノ莊嚴四句トヲ廣ト爲《ス》。入一法句者《ハ》略ト爲《ス》。何故ゾ廣略相入ヲ示現スルトナラバ、諸佛・菩薩ニ二種ノ法身有リ。一者法性法身、二者方便法身ナリ。法性法身ニ由テ方便法身ヲ生ズ。方便法身ニ由テ法性法身ヲ出ス。此ノ二ノ法身ハ、異ニ而《シテ》分ツ可不、一ニ而《シテ》同カル可不。是ノ故ニ廣略相入シテ、絃《カヌ》ルニ法ノ名ヲ以テス。菩薩若シ廣略相入ヲ知ラ不レバ、則自利利他ニ能《アタ》ハ不《ズ》。

（『浄聖全』二、一四三頁）

【意訳】

『浄土論』に、〈略して一法句に収まると説く〉と述べられている。さきに述べた国土にそなわる十七種の功徳と、阿弥陀仏にそなわる八種の功徳と、菩薩にそなわる四種の功徳を広とし、それらが一法句に収まるのを略とする。どうして広と略とが互いに収まるのか。仏や菩薩がたには二種の法身がある。一つには法性法身であり、二つには方便法身である。法性法身によって方便法身を生じ、方便法身によって法性法身をあらわす。この二種の法身は、異なってはいるが分けることはできない。一つではあるが同じとすることはできない。このようなわけで、広と略とは互いに収まるのであり、法という言葉でまとめるのである。菩薩が、もしこの広略が互いに収まるということを知らなければ、自利利他のはたらきをすることはできない。

（『現代語版教行信証』、三五六頁）

二種の法身については、宗祖のご指南があるので、それを参照する。まずは、『一念多念文意』である。

眞實功徳とまふすは名號なり。一實眞如の妙理、圓滿せるがゆへに、大寶海にたとえたまふなり。一實眞如とまふすは无上大涅槃なり。涅槃すなわち法性なり、法性すなわち如來なり。寶海とまふすは、よろづの衆生をきらはず、さわりなく、へだてず、みちびきたまふを、大海のみづのへだてなきにたとへたまへるなり。この一如寶海よりかたちをあらわして、法藏菩薩となのりたまひて、无㝵のちかひをおこしたまふをたねとして、阿彌陀佛となりたまふがゆへに、報身如來とまふすなり。これを盡十方无㝵光佛となづけたてまつれるなり。この如來を、南无不可思議光佛ともまふすなり。この如來を、方便法身とはまふすなり。方便とまふすは、かたちをあらわし、御なをしめして、衆生にしらしめたまふをまふすなり。すなわち阿彌陀佛なり。

この如來は光明なり、光明は智慧なり、智慧はひかりのかたちなり。智慧またかたちなければ不可思議光佛とまふすなり。この如來、十方微塵世界にみちみちたまへるがゆへに、无邊光佛とまふす。しかれば、世親菩薩は盡十方无导光如來となづけたてまつりたまへり。

（『浄聖全』二、六七四頁）

このご指南によって、方便法身とは、法性がかたちを現して法蔵菩薩と名乗り、本願成就して報身の阿弥陀如来となったのであるから、その体は法性・智慧そのものであることと示される。なお詳細なご指南は、『唯信鈔文意』の次の文である。これにより、法性と信心が同じものであり、法性法身から方便法身の法蔵菩薩が現れ、その法蔵菩薩が本願成就して報身の阿弥陀如来となり、その報身から釈迦如来の応身をはじめとする無數の化身が現れたことを示されるのである。

「涅槃」おば滅度といふ、无爲といふ、安樂といふ、常樂といふ、實相といふ、法身といふ、法性といふ、眞如といふ、一如といふ、佛性といふ。佛性すなわち如來なり。この如來、微塵世界にみちみちたまへり、すなわち一切群生海の心なり。この心に誓願を信樂するがゆへに、この信心すなわち佛性なり、佛性すなわち法性なり、法性すなわち法身なり。法身はいろもなし、かたちもましまさず。しかれば、こゝろもおよばれず、ことばもたへたり。この一如よりかたちをあらわして、方便法身とまふす御すがたをしめして、法藏比丘となのりたまひて、不可思議の大誓願をおこしてあらわれたまふ御かたちおば、世親菩薩は盡十方无㝵光如來となづけたてまつりたまへり。この如來を報身とまふす。誓願の業因にむくひたまへるゆへに報身如來とまふすなり。報とまふすは、たねにむくひたるなり。この報身より應・化等の无量无數の身をあらはして、微塵世界に无㝵の智慧光をはなたしめたまふゆへに盡十方无㝵光佛とまふすひかりにて、かたちもましまさず、いろもましまさず、无明のやみをはらひ惡業にさえられず、このゆへに无㝵光とまふすなり。无㝵はさわりなしとまふす。しかれば、阿彌陀佛は光明なり、光明は智慧のかたちなりとしるべし。

（『浄聖全』二、七〇一～七〇三頁各上段）

以上の関係をまとめたものが、宗祖の『愚禿鈔』の次の記述である。書き下して掲げておく。

佛ニ就テ四種有リ

一ニハ法身　　二ニハ報身

三ニハ應身　　四ニハ化身ナリ

法身ニ就テ二種有リ

一ニハ法性法身　二ニハ方便法身ナリ

報身ニ就テ三種有リ

一ニハ彌陀　　二ニハ釋迦

三ニハ十方

應・化ニ就テ三種有リ

一ハ彌陀　　二ハ釋迦

三ハ十方

（『浄聖全』二、二八六頁）

(三) 法身

続いて、清浄なる法身について論じている。

一法句者《ハ》、謂ハク清淨句ナリ。清淨句者《ハ》、謂ク眞實ノ智慧无爲法身ナルガ故ニトノタマヘリ。此ノ三句ハ展轉シテ相入ル。何ノ義ニ依テカ之ヲ名テ法ト爲《ス》ル、清淨ヲ以ノ故ニ。何ノ義ニ依テカ名テ清淨ト爲《ス》ル、眞實ノ智慧无爲法身ヲ以ノ故《エ》ナリ。眞實ノ智慧者《ハ》實相ノ智慧也。實相ハ无相ナルガ故ニ、眞智*一无知也。无爲法身者法性身也。法性寂滅ナルガ故ニ法身ハ无相也。无相ノ故ニ能ク相ナラ不ルコト无シ。是ノ故ニ相好莊嚴卽チ法身也。无知ノ故ニ能ク知ラ不ルコト无シ。是ノ故ニ一切種智卽眞實ノ智慧也。眞實ヲ以而《シテ》智慧ニ目《ナツ》クルコトハ、智慧ハ作ニ非ズ非作ニ非ルコトヲ明ス也。无爲ヲ以而《シテ》法身ヲ樹《タ》ツルコトハ、法身ハ色ニ非ズ非色ニ非ルコトヲ明ス也。非于《ニ》非ザレ者《バ》、豈《アニ》非之能ク是ナルニ非ザラム乎《ヤ》。蓋《ケダ》*二シ非无キ之ヲ是ト曰也。自《オノヅ》カラ是ニシテ復是ニ非コトヲ待《マ》ツコト无キ也。是ニ非ズ非ニ非ズ、百非之喩へ不ル所《ロ》ナリ。是ノ故ニ清淨句ト言ヘリ。清淨句者《ハ》、謂ク眞實ノ智慧无爲法身也。

（『浄聖全』二、一四三～一四四頁）

*一　「智」に「サトル」と左訓。
*二　「蓋」に「フタ」と左訓。

【意訳】

『浄土論』に、〈一法句とは清浄句である。清浄句とは真実の智慧・無為法身である〉と述べられている。この三者は順次に互いに収まる。どのようなわけで一法句というのかといえば、清浄だからである。どのようなわけで清浄句というのかといえば、真実の智慧・無為法身だからである。真実の智慧とは、実相をさとった智慧である。実相は相がないから、真実の智慧は対象を分別して知るような知ではない。無為法身とは、法性の身である。法性は空であるから、法身には相がない。相がないからあらゆる相となる。このようなわけで、如来や浄土の相は、そのまま法身なのである。対象を分別して知るような知ではないから、あらゆることを知る。このようなわけで、あらゆるものの実相を知り尽くす智慧が、真実の智慧なのである。真実という言葉で智慧を表すのは、智慧がはたらくものでもなく、はたらかないものでもないことを明らかにしているのである。無為という言葉で法身を表すのは、法身はかたちのあるものでもなく、かたちのないものでもないことを明らかにしているのである。否定を否定するとき、どうして否定を否定することが肯定することと同じであるといえようか。思うに、否定することがないということが肯定なのである。それはもとより肯定なのであって、肯定が否定に対しているわけではない。肯定でも否定でもなく、どこまで否定を重ねてもたとえられるものではない。このようなわけで清浄句といったのである。清浄句とは真実の智慧・無為法身なのである。

（『現代語版教行信証』、三五六〜三五八頁）

ここにおいて、清浄とは真実智慧無為法身であることが示される。つまり、清浄とは煩悩、特に貪欲のないこと、智慧である。そして、智慧は因縁生起したもの、つまり有為ではないので無為法身であり、そのために無相である。このように論理的に展開し、無相であるからどのような相もとることができることが示され、それ故に三荘厳が相として現れるというのである。

無為法身は私たち凡夫の思議を超えて理解できない。そのことを示すために、私たちの思考である否定と肯定との論理では説明が難解であることを『論註』では示している。そこで、この難解な論理を良忠は天台流の本迹思想を用いて整理し『往生論註記』で次のように解説する。

三二一法句ノ相ヲ釋スル中ニ　眞實智慧無爲法身等ト者　智慧ヲ眞實ト名ルコトハ者　佛智ハ作ト非作與ニ非ス　法身ヲ無爲ト名ルコトハ者　佛身ハ色ト非色與ニ非ス

謂ク　作ト者始覺ノ智　非作ト者本覺ノ智ナリ　二ヲ非スル之非ハ者　始本無二ノ智ナリ　色ト者方便法身　非色ト者法性法身ナリ　二ヲ非スル之非ハ者　本迹不二ノ體ナリ重初

次ニ非于非者等ト者　言ハ《ロ》兩非ヲ非スル之能　非ハ者非ニシテ而是ニ非ス　蓋ノ下ハ非ハ是レ非ヲ無スルコトヲ明ス　自《ヲ》是ナル者モ　此ノ是モ亦是ニ非ス重二
次ニ非是ノ下ハ　竝テ是非ヲ非スル之時　是非卽チ絶ス　此乃是ヲ非スルカ故ニ　千是モ顯サ不ル所也　非ヲ非スル故ニ　百非モ非セ不ル所ナリ也重三

（『浄全』一、三三四頁）

以上が良忠の理解である。そこで、親鸞聖人の読みを検討して、この部分を解釈してみたい。影印版の『宗祖加点本』の『論註』の読みは、「証文類」の引文と若干異なる。『浄聖全』第三巻の『宗祖加点本』の翻刻では、「証文類」の「豈ニ非之《ノ》能ク是ナルニ非ザラム乎《ヤ》」を「豈ニ非非之《ノ》能ク是ナラム乎《ヤ》」としている。

これについて、是山惠覺（一八五七～一九三一）の『往生論註講義』では、「証文類」の訓点が誤りであり、『宗祖加点本』の訓点が正しいとして次のように述べている。

非于非等とは、この下古來異解す、今謂く、非于非者とは、上の非非作非非色を提出す、上の非は是れ能非で、下の非は是れ所非、非作非色を所非となし、非非作非非色を能非となす。豈非非等とは、非之能とは、前の能非を指す、豈非是乎とは、能非亦是に非ずとなり、非に對する是は亦これ妄計なるが故なり、非非之の下の非は、前の能非の非で、非するの能亦是ではないといふ意。思ふに、意趣は如レ是であらうが、點聲の如くに義を取れば、豈に是なるに非ざらんや、是であるとなる、それでは今意に合せぬ、今意は應に前に述べる所の如くなるべし、若し助聲を改むるを許さば、非ヲ非スルコトノ能ク是ナランヤとせば可なるべし、能非を是とするは、猶ほ是に着するなり、今の能非は決してそれにあらずとなり（後に宗祖の『論註』御加點本を閲すれば、非非ノ能ク是ナランヤとあるを視て大に喜べり）

（『真宗叢書』別巻是山和上集、一九二九年、興教書院、復刊一九七八年、臨川書店、二二八頁）

これでは、宗祖の「証文類」でのお示しと異なり浄土宗の訓読と同じになってしまう。そこで、「証文類」と『宗祖加点本』と浄土宗の訓読とを一度対比してみたい。

「証文類」

眞實ヲ以而《シテ》智慧ニ目《ナツ》クルコトハ、智慧ハ作ニ非ズ非作ニ非ルコトヲ明ス也。无爲ヲ以而《シテ》法身ヲ樹《タ》ツルコトハ、法身ハ色ニ非ズ非色ニ非ルコトヲ明ス也。非于《ニ》非ザレ者《バ》、豈《アニ》非之能ク是ナルニ非ザラム乎《ヤ》。蓋《ケダ》シ非无キ之ヲ是ト曰也。自《オノヅ》カラ是ニシテ復是ニ非コトヲ待《マ》ツコト无キ也。是ニ非ズ非ニ非ズ、百非之喩ヘ不ル所《ロ》ナリ。是ノ故ニ清淨句ト言ヘリ。

『宗祖加点本』

眞實ヲ以而智惠ニ目《ナツ》クルコトハ　智惠ハ作ニ非ス　非‐作非コトヲ明ス也。无爲ヲ以而法身ヲ標《アラハ》スコトハ　法身ハ色ニ非非‐色ニ非コトヲ明ス也、非《ニ》于非《ハ》者　豈ニ非非《ノ》之能ク是ナラム乎《ヤ》　蓋シ非无キ之ヲ是ト曰フ也、自《ミ》是ニシテ待《マ》ツコト无シ　復・是ニ非ル也、是非ス非ニ非ス　百非之喩不ル所ナリ　是ノ故ニ清浄句ト言《イ》フ

（『浄聖全』三、四一二頁）

『浄土宗本』

眞實ヲ以而智慧ニ目クルコトハ　智慧ハ作ニ非　非作ニ非ルコトヲ明ス也　無爲ヲ以而法身ヲ標スコトハ　法身ハ色ニ非　非色ニ非ルコトヲ明ス也　于非ヲ非スル者　豈非ヲ非スル之能是ナランヤ乎　蓋シ非ヲ無スル之ヲ是ト曰也　自是ニシテ待スルコト無キモ復是ニ非也　是ニ非　非ニ非　百非ノ之喩不ル所ナリ　是ノ故ニ清淨句ト言

（『浄全』一、二五〇頁）

傍線を引いた部分が「証文類」と大きく異なるところであるが、その前に、「作」についての解釈が宗祖と浄土宗では異なっている。

宗祖は、「作」を「智慧のはたらき」とするが、良忠は「行者の修行」とする。そこで、『往生論註記』では、「作ト者始覺ノ智　非作ト者本覺ノ智ナリ　二ヲ非スル之非ハ者　始本無二ノ智ナリ」と述べる。つまり、良忠は天台の本覚法門同様に、智慧は衆生に本来具わっているものであるとする。したがって、修行によって得られる智慧を「始覺ノ智」であるとし、本来具わっている智慧を「非作」と理解して、智慧としては同一無二のものであるから、「作」と「非作」のどちらをも否定することは、「智慧は得られるものでもなく、得られないものでもない」という意味であると解説するのである。

本願寺派の『現代語版教行信証』のように「作」を「智慧のはたらき」とするのとはかなり違っている。

また「色」について『往生論註記』では、「色ト者方便法身　非色ト者法性法身ナリ　二ヲ非スル非ハ者　本迹不二ノ體ナリ」と述べ、「色」を「方便法身」としての「垂迹」とし、「非色」は「法性法身」の「本地」であるとする。その上で両者は分けられないものであるとする。本地垂迹説によって二種法身を説明するのである。

二種法身を本地垂迹説で理解することは、本願寺派の存覚上人の『六要鈔』でも南都三論宗の智光（七〇九〜七八〇？）の書に出るとして釈文をあげているので、ここにそれを書き下してあげておくことにする。

智光ノ『疏』ニ云、「龍猛二種ノ佛ヲ說ク。一ニハ法性法身ノ佛、二ニハ隨衆生現身ノ佛、卽本迹ヲ以テ二法身ト爲ス。法性法身ニ由テ方便法身ヲ出ス、卽本ヲ以テ迹ヲ垂ル。方便法身ニ由テ法性法身ヲ出ス、卽迹ヲ以テ本ヲ顯ス。此ノ二法身ハ異ニシテ而分ツ可不、一ニシテ而同ズ可不。」已上

（『浄聖全』四、一一八七〜一一八八頁）

そこで、この二種法身の不二の関係を初重とし、次に法身の「非色に非ざる」ことについての論議を二重とする。それによって、二種法身の論理的根拠を示す。
ただし、その依りどころとなる『論註』の読みが宗祖の「証文類」と『宗祖加点本』・『浄土宗本』とでは異なる。先の傍線箇所であるが、今一度両者をくらべてみよう。

「証文類」

非于《ニ》非ザレ者《バ》、豈《アニ》非之能ク是ナルニ非ザラム乎《ヤ》。蓋《ケダ》シ非无キ之ヲ是ト曰也。自《オノヅ》カラ是ニシテ復是ニ非コトヲ待《マ》ツコト无キ也。

『浄土宗本』

于非ヲ非スル者　豈非ヲ非スル之能　是ナランヤ乎　蓋シ非ヲ無スル之ヲ是ト曰也　自是ニシテ待スルコト無キモ復是ニ非也

「法身は色に非ず非色に非ることを明すなり」に続く漢文を、宗祖は「非に非ざれば、あに非の能く是なるに非ざらむや」と読み、浄土宗は「非を非するは、あに非を非するの能、是ならんや」と読む。これらは、ともに「法身は、認識対象ではなく、認識対象ではないというのでもないことを明らかにするのである」ということを述べている文に続く文である。ただし、宗祖は、この文における法身を方便法身として理解し、浄土宗は法性法身と理解する。それによって訓読が異なるのである。先に掲げた「証文類」の読みと『浄土宗本』の読みの「法身」をそれぞれ「方便法身」と「法性法身」とに置き換えて現代語に直訳してみることにする。

まず、宗祖の読みである。

「方便法身は認識の対象ではなく、認識の対象ではないというのでもないことを明らかにするのである。（どちらも）否定でないのであれば、どうしてこの否定が十分に肯定することの否定になるのであろうか。思うに否定が無いことを肯定というのである。（それは）おのずからの肯定であって、また肯定でないことを待つまでもないのである」

宗祖の読みからは、方便法身が完全に肯定されるべき法身とされていることが窺える。つまり、凡夫の立場からの読みである。

次いで、浄土宗の読みである。

「法性法身は認識の対象ではなく、認識の対象ではないというのでもないことを明らかにするのである。否定の否定ということは、どうして否定を否定するというはたらきが肯定であろうかということである。思うに否定を無くすことを肯定というのである。自が肯定であり相対する否定がないのもまた肯定ではないのである」

浄土宗の読みからは、法性法身が大乗の空の境地で理解されているようである。つまり、凡夫の想念を超えた完全否定でしか表現できない聖者の立場での読みである。

そこで先に紹介したように、良忠は『往生論註記』で次のように述べたのである。

次ニ非于非者等ト者　言《ロ》ハ兩非ヲ非スル之能　非ハ者非ニシテ而是ニ非ス　蓋ノ下ハ非ハ是レ非ヲ無スルコトヲ明ス　自《ヲ》是ナル者モ　此ノ是モ亦是ニ非ス重二

龍樹菩薩の『中論』における八不中道、空の論理のような表現である。

そして、この『往生論註記』での三重で、「千是モ顯サ不ル」とさらに強調される。

非是ノ下ハ　竝テ是非ヲ非スル之時　是非卽チ絶ス　此乃是ヲ非スルカ故ニ　千是モ顯サ不ル所也　非ヲ非スル故ニ　百非モ非セ不ル所ナリ也

この文の「非是ノ下」とは、『論註』の次の文である。

是ニ非　非ニ非　百非ノ之喩不ル所ナリ

この読みは宗祖も同じである。

『現代語版教行信証』では、この部分を「肯定でも否定でもなく、どこまで否定を重ねてもまたとえられるものではない」と意訳している。それは、先にも指摘したように、方便法身こそが私たちにとってもっとも重要なものだからであろう。

それに対して、法性法身を重要視する浄土宗の立場からは、同じ読みであっても、肯定も否定も否定され、千回肯定しても法身は顕かにできないものであり、否定を否定するからこそいくら否定しても否定しつくされないというのである。

以上のように、同じ『論註』の漢文でも法身への見方が異なると読みも異なり、解釈も異なるのである。ただし、先に示したように宗祖が八十四歳という晩年に加点された『宗祖加点本』は『浄土宗本』と同様な読みである。宗祖が「証文類」の上では、私どもに方便法身ということをより深くお示しくださったのがこの読みなのであろう。

続いて清浄に二種あることを次のように説明する。

此ノ清淨ニ二種有リ、知ル應シトイヘリ。上ノ轉入句ノ中ニ、一法ニ通ジテ清淨ニ入ル、清淨ニ通ジテ法身ニ入ル。今將ニ清淨ヲ別テ二種ヲ出ガ故《ヘ》ナリ。故ニ知應シト言ヘリ。

何等《ラ》カ二種。一者器*一世間清淨、二者衆生世間清淨ナリ。器世間清淨者《ハ》、向《キ》ニ說ガ如キノ十七種ノ莊嚴佛土功德成就、是ヲ器世間清淨ト名ク。衆生世間清淨者《ハ》、向ニ說如キノ八種ノ莊嚴佛功德成就ト、四種ノ莊嚴菩薩功德成就ト、是ヲ衆生世間清淨ト名ク。是ノ如ノ一法句ニ二種ノ清淨ノ義ヲ攝スト、知應シトノタマヘリ。

夫レ衆生ハ別報之體ト爲《ス》、國土ハ共報之用《イフ》ト爲《ス》。體用一ナラ不《ズ》。所-以《コノユヘ》ニ知ル應シ。然ニ諸法ハ心ヲシテ无餘ノ境界ヲ成ズ。衆生及器、復異ニシテ一ナラ不コトヲ得不。則義ヲシテ分ニ異ナラ不《ズ》、同ジク清淨ナリ。器者《ハ》用也。謂ク彼ノ淨土ハ、是彼ノ清淨ノ衆生之受用スル所ナルガ故ニ名テ器ト爲《ス》。淨食ニ不淨ノ器ヲ用キレバ、器不淨ナルヲ以ノ故ニ食亦不淨ナリ、不淨ノ食ニ淨器ヲ用レバ、食不淨ナルガ故ニ、器亦不淨ナルガ如シ。要ズ二倶ニ潔《ケチ》*二シテ、乃シ淨ト稱コトヲ得《エ》シム。是以一ノ清淨ノ名、必二種ヲ攝ス。

問曰、衆生清淨ト言ヘルハ、則是佛ト菩薩與《ト》ナリ。彼ノ諸ノ人天、此清淨ノ數ニ入コトヲ得ムヤ不ナヤ。

答曰、清淨ト名コトヲ得ルハ、實ノ清淨ニ非ズ。譬バ出家ノ聖人ハ、煩惱ノ賊*三ヲ殺スヲ以ノ故ニ名テ比丘ト爲《ス》、凡夫ノ出家ノ者ヲ亦比丘ト名ルガ如シ。又灌《クワン》*四頂王子初生之時、三十二相ヲ具シテ、卽七寶ノ爲ニ屬セ所《ラル》、未ダ轉輪王ノ事ヲ爲《ナ》スコト能ズト雖モ、亦轉輪王ト名ルガ如シ。其レ必轉輪王爲《タ》ルベキヲ以ノ故ニ。彼ノ諸ノ人天モ亦-復是ノ如シ。皆大乘正定之聚ニ入テ、畢竟ジテ當ニ清淨法身ヲ得《ウ》ベシ。當ニ得ベキヲ以ノ故ニ清淨ト名コトヲ得ルナリト。

（『浄聖全』二、一四四～一四五頁）

＊一　「器」に「ウツワモノ」と左訓
＊二　「潔」に「イサギヨク」と左訓
＊三　「賊」に「アダ」と左訓
＊四　「灌」に「ソ、グ」と左訓

【意訳】

『浄土論』に、〈この清浄に二種がある。知るべきである〉と述べられている。さきに一法句と清浄句と真実の智慧・無為法身の三者が互いに収まることについて、一法句は清浄句に収まり、清浄句は無為法身に収まるといった。いまこの清浄を二種に分けて示そうとするから、〈知るべきである〉というのである。

『浄土論』に、〈二種とは何かというと、一つには器世間清浄であり、二つには衆生世間清浄である。器世間清浄とは、さきに説いた国土にそなわる十七種の功徳の成就のことをいうのである。衆生世間清浄とは、さきに説いた仏にそなわる八種の功徳の成就と、菩薩にそなわる四種の功徳のことをいうのである。このように一法句に二種の清浄の意義が収まっていると知るべきである〉と述べられている。

そもそも衆生とは、それぞれの行いの果報としてある主体であり、国土とは、共通の行いの果報として用いるものである。主体と用いるものとは一つではない。そこで〈知るべきである〉というのである。しかし浄土のものはすべて、さとりの世界として願心によって成就されたものである。衆生と国土とは異なるものではなく、一つなのである。意義によって分けるが、異なるわけではない。同じく清浄なのである。器とは用いるものの意である。浄土は清浄な衆生が用いる国土であるから器というのである。清らかな食べものを清らかでない器に盛ると、食べものも清らかでなくなる。清らかでない食べものを清らかな器に盛ると、器も清らかでなくなる。食べものと器の両方が清らかではじめて清らかであるといえる。だから清浄という言葉には、必ず器世間清浄と衆生世間清浄との二種が収まるのである。

問うていう。衆生世間清浄といったのは仏と菩薩についてである。浄土に往生する人間や神々もこの清浄の衆生の中に入るのであろうか。
答えていう。清浄ということはできるが、本当の清浄ではない。たとえば、出家した聖者は煩悩を滅しているから比丘といわれるが、まだ煩悩を滅していない凡夫が出家しても比丘といわれるようなものである。また、転輪聖王の王子は、生れた時に三十二相をそなえ七宝を持っている。まだ転輪聖王の仕事をすることはできないが、転輪聖王といわれるようなものである。それは必ず転輪聖王となるからである。浄土に往生する人間や神々もその通りであって、みな大乗の正定聚に入ってついには清浄法身を得ることができる。だから清浄ということができるのである。

（『現代語版教行信証』、三五八〜三六一頁）

第九講

（一）　善巧方便

善巧方便について述べるところであるが、まずは、浄土の菩薩が止観の行を成就して柔軟心を修めることが示される。止は息慮凝心、定心のことであり、観は智慧をもって観察することであるが、この段で大切なことは、それによって柔軟心を修めることである。これこそが、無分別・不二・平等・利他の仏の境地である。それはまた、『大無量寿経』の四十八願中の第三十三願、すなわち触光柔軟の願でしめされる境地である。「証文類」の引文を掲げよう。

善巧攝化[*一]ト者《ハ》、是如ノ菩薩ハ、奢摩他・毘婆舎那、廣略修行成就シテ柔輭心[*二]ナリトノタマヘリ。柔輭心者《ハ》、謂ク廣略ノ止観、相順シ修行シテ、不二ノ心ヲ成ゼル也。譬バ水ヲ以テ影[*三]ヲ取ルニ、清ト靜[*四]ト相ヒ資《タスケ》而《テ》成就スルガ如シト也。

＊一　「巧」に「タクミ」と左訓
＊二　「柔輭」に「ヤハラカナリ」と左訓
＊三　「影」に「カゲ」と左訓
＊四　「靜」に「シヅカナリ」と左訓

（『浄聖全』二、一四五頁）

【意訳】

善巧摂化というのは、『浄土論』に、〈このような菩薩は、止観、すなわち思いを止め静かな心で浄土の広略を観察する行を修め、とらわれのない心を得ているのである〉と述べられている。〈とらわれのない心〉とは、広と略の止観がそれぞれ相応し、この行を修めて、観ずる心と観じられる実相とが区別できない一つのものとなったことをいうのである。たとえば、水にものの姿を映すとき、水の清らかさと静かさとの両方がそろって、はじめて姿が映るようなものである。

（『現代語版教行信証』、三六一頁）

そして、無分別の境地である法性法身も、方便法身である阿弥陀如来も、どちらもが清浄なる真実の相であることが明かされる。

實ノ如ク廣略ノ諸法ヲ知トノタマヘリ。如實知ト者《ハ》、實相ノ如ク而《テ》知也。廣ノ中ノ二十九句、略ノ中ノ一句、實相ニ非ルコト莫キ也。

（『浄聖全』二、一四五頁）

【意訳】

『浄土論』に、〈真実にかなって広略のすべてを知る〉と述べられている。〈真実にかなって知る〉とは、実相のままに知ることである。広の国土・仏・菩薩にそなわる二十九種の功徳も、略の一法句も、すべて実相なのである。

（『現代語版教行信証』、三六二頁）

菩薩には、真実の相を知ることによって即座に慈悲心が起こるのである。と同時に、菩薩は法身に対して帰依の心を起こすのである。そのことが次の段で示される。

是ノ如キ巧方便回向ヲ成就シタマヘリトノタマヘリ。是如トイフ者《ハ》、前後ノ廣略皆實相ナルガ如キ也。實相ヲ知ヲ以ノ故ニ則チ三界ノ衆生ノ虚妄ノ相ヲ知ル也。衆生ノ虚妄ヲ知レバ、則チ眞實ノ慈悲ヲ生ズル也。眞實ノ法身ヲ知ルハ、則眞實ノ歸依ヲ起ス也。慈悲ト之歸依ト巧方便與《ト》ハ下ニ在リ。

（『浄聖全』二、一四五頁）

【意訳】

『浄土論』に、〈このように善巧方便の回向を成就するのである〉と述べられている。〈このように〉とは、さきに示した広も後に示した略もみな実相であり、その実相のままにということである。実相を知るから、迷いの世界の衆生の虚妄のすがたを知る。衆生の虚妄のすがたを知るから、これを救おうとする真実の慈悲を起こす。実相すなわち真実の法身を知るということは、さとりを求める真実の帰依をおこすということである。その慈悲と帰依と善巧方便とは、以下に示されている。

（『現代語版教行信証』、三六二頁）

意訳では、ただ菩薩においては、真実の法身を知ることが真実の帰依を起こすことであるとしている。ただし真宗では、この法身は法性法身ではなく方便法身であるとし、阿弥陀如来であると解釈する。そして、帰依は信心であり、本願力回向、すなわち他力により起こるものとする。それゆえに、空華学派の松島善譲和上は『顕浄土教行証文類敬信記』で次のように述べる。

眞實法身トハ卽チ盡十方無礙光如來ナリ。眞實歸依卽チ一心歸命ナリ。是レ上求菩提ノ相ナリ。無礙光佛ノ攝取衆生ノ德ヲ知テ。一心歸命ノ信心ヲ起シ。以テ衆生ト共ニ安樂國ニ生セント欲ス。是ヲ巧方便迴向ト云ナリ

（『新編真宗全書』教義編一〇巻、八三九頁・『真宗全書』三一巻、三二九頁）

しかし、ここも自力重視の浄土宗では全く異なる解釈である。良忠の『往生論註記』では次のように記している。

慈悲之與歸依等ト者　此レ第六菩提門ノ中ノ智慧慈悲方便ノ三門ヲ指ス　但シ此ノ歸依ト彼ノ中ノ智慧ト言ハ異ニ義同シ　謂ク　空無我ヲ知レハ卽チ法身ニ歸也

（『浄全』一、三三六頁）

菩薩、行者が空無我を悟れば法身に帰依するのであって、法身が方便法身の阿弥陀如来であるからではないのである。

(二) 真実の楽

次いで、『浄土論』の説く菩薩の善巧方便について『論註』では解説をする。ここの段落は真宗では非常に大事な問題を解決する論拠になっている。それらの部分には番号を付け傍線を付して後に解説する。

何ニ者《ノ》カ菩薩ノ巧方便回向。菩薩ノ巧方便回向者《ハ》、謂ク禮拜等ノ五種ノ修行ヲ説ク、所集ノ一切ノ功德善根ハ、自身住持之樂ヲ求メ不《ズ》、一切衆生ノ苦ヲ拔ムト欲《オボ》スガ故ニ、作願シテ一切衆生ヲ攝取シテ、共ニ同ジク彼ノ安樂佛國ニ生ゼシム。是ヲ菩薩ノ巧方便回向成就ト名クトノタマヘリ。王舍城所説ノ『无量壽經』ヲ案ズルニ、三輩生ノ中ニ、行ニ優[*一]劣[*二]有ト雖、皆《ナ》无上菩提之心ヲ發セ不ルハ莫ケム。①此ノ无上菩提心ハ卽是願作佛心ナリ。願作佛心ハ卽是度衆生心ナリ。度衆生心ハ卽是衆生ヲ攝取シテ有佛ノ國土ニ生ゼシムル心ナリ。是ノ故ニ彼ノ安樂淨土ニ生ト願ズル者《ハ》、要ズ无上菩提心ヲ發スル也。若人无上菩提心ヲ發セ不《ズ》シテ、但彼ノ國土ノ受樂无間ナルヲ聞テ、樂ノ爲ノ故ニ生ト願ズルハ、亦當ニ往生ヲ得《エ》不ルベキ也。是ノ故ニ自身住持之樂ヲ求不、一切衆生ノ苦ヲ拔カント欲《オボ》スガ故ト言ヘリ。住持樂ト者《ハ》、謂ク彼ノ安樂淨土ハ、阿彌陀如來ノ本願力之爲ニ住持セ所レテ、樂ヲ受コト間《マ》无キ也。

②凡ソ回向ノ名義ヲ釋セバ、謂ク己《ノ》レガ所集ノ一切ノ功德ヲ以、一切衆生ニ施與シテ、共ニ佛道ニ向ヘシメタマフナリト。

③巧方便者《ハ》、謂ク菩薩願ズラク己レガ智慧ノ火ヲ以テ一切衆生ノ煩惱ノ草木ヲ燒カムト、若シ一衆生トシテ成佛セ不ルコト有ラバ、我佛作ラ不《ジ》ト。而ルニ衆生未ダ盡《ゴト》ク成佛セザルニ、菩薩已ニ自《ミズカ》ラ成佛セムハ、譬バ火摘《テム》*三シテ 摘 聽念反 *四チヤク反 字 トル 他暦反 ツム 排除也 *五 オク タク 一切ノ草木ヲ摘《ツム》*六 聽歴反 デ燒テ盡サ令使《シ》メムト欲スルニ、草木未ダ盡キザルニ、火摘已ニ盡キムガ如シ。其ノ身ヲ後ニ而《シテ》身ヲ先ニスルヲ以ノ故ニ、方便ト名ク。此ノ中ニ方便言者、謂ク作願シテ一切衆生ヲ攝取シテ、共ニ同ジク彼ノ安樂佛國ニ生シム。彼ノ佛國ハ卽是畢竟成佛ノ道路、无上ノ方便也。

＊一　「優」に「マサル」と左訓
＊二　「劣」に「オトル」と左訓
＊三　「摘」に「ウツ」と左訓

＊四　「擿」に「テキ反」と左訓
＊五　割註の「排除也」に「ハラヒノゾクナリ」と左訓
＊六　割註の「聴歴」に「チヤウレキノ」とルビ

（『浄聖全』二、一四五〜一四六頁）

【意訳】

『浄土論』に、〈菩薩の善巧方便の回向とはどのようなことであろうか。菩薩の善巧方便の回向とは、礼拝などの五念門の行を修めることを説いたが、その行を修めて得られたすべての善根功徳によって、菩薩は、自分自身のために変ることのない安楽を求めるのではなく、その功徳によって、すべての衆生の苦しみを除こうと思うことである。そこで願をおこしてすべての衆生を摂め取り、みなともに浄土に生れさせる。これを菩薩の善巧方便の回向の成就というのである〉と述べられている。王舎城において説かれた『無量寿経』によれば、往生を願う上輩・中輩・下輩の三種類の人は、修める行に優劣があるけれども、すべてみな無上菩提心をおこすのである。この無上菩提心は、願作仏心すなわち仏になろうと願う心である。この願作仏心は、そのまま度衆生心である。度衆生心とは、衆生を摂め取って、阿弥陀仏の浄土に生れさせる心である。このようなわけであるから、浄土に生れさせようと願う人は、必ず無上菩提心をおこさなければならない。この無上菩提心をおこさずに、浄土では絶え間なく楽しみを受けるとだけ聞いて、楽しみを貪るために浄土に生れたいと願うのであれば、往生できないのである。だから『浄土論』には〈自分自身のために変ることのない安楽を求めるのではなく、すべての衆生の苦しみを除こうと思う〉と述べられている。〈変わることのない安楽〉とは、浄土は阿弥陀仏の本願のはたらきによって変ることなくたもたれていて、絶え間なく楽しみを受けることができるということである。

総じて、〈回向〉という言葉の意味を解釈すると、自ら積み重ねたあらゆる功徳をすべての衆生に施して、みなともにさとりに向かわせてくださることである。

〈善巧方便〉とは次のようなことである。菩薩が自分の智慧の火ですべての衆生の煩悩の草木を焼こうとし、もし一人でも成仏しないようなことがあれば、自分は仏になるまいと願う。ところが、すべての衆生が成仏したわけではないのに、菩薩自身がさきに成仏してしまう。それはたとえば、木の火ばしですべての草木を摘み集めて焼き尽そうとしたところ、草木がまだ焼けきらないうちに、木の火ばし自体がさきに焼けてしまうようなものである。自身を後にと願いながら、他の衆生よりもさきに成仏してしまうから、善巧方便というのである。いまここに〈方便〉というのは、願をおこしてすべての衆生を摂め取り、みなともに浄土に生れさせることである。阿弥陀仏の浄土は、仏となる究極の道であり、この上なくすぐれた手だてなのである。

（『現代語版教行信証』、三六二〜三六五頁）

文中の「王舎城所説ノ『无量壽經』ヲ案ズルニ、三輩生ノ中」の「三輩」とは『大無量寿経』下巻の三輩段（『浄聖全』一、四三〜四四頁参照のこと）である。

さて、①の傍線部分、

此ノ无上菩提心ハ卽是願作佛心ナリ。願作佛心ハ卽是度衆生心ナリ。度衆生心ハ卽是衆生ヲ攝取シテ有佛ノ國土ニ生ゼシムル心ナリ。是ノ故ニ彼ノ安樂淨土ニ生ト願ズル者《ハ》、要ズ无上菩提心ヲ發スル也。若人无上菩提心ヲ發セ不《ズ》シテ、但彼ノ國土ノ受樂无間ナルヲ聞テ、樂ノ爲ノ故ニ生ト願ズルハ、亦當ニ往生ヲ得《エ》不ルベキ也。是ノ故ニ自身住持之樂ヲ求不、一切衆生ノ苦ヲ抜カント欲《オボ》スガ故ト言ヘリ。住持樂ト者《ハ》、謂ク彼ノ安樂淨土ハ、阿彌陀如來ノ本願力之爲ニ住持セ所レテ、樂ヲ受コト間《マ》无キ也は、『浄土論』では、「自身住持之樂ヲ求不」の文言のみである。

ここでの説明の「菩提心」は、『論註』で曇鸞和尚が出されるものである。つまり、曇鸞大師はこの文言を、欲望を求める凡夫としての楽と小乗の目指す無余涅槃の楽を否定したものであり、無分別、平等の菩提を求める心、すなわち度衆生心、衆生済度を目指すものであると理解され、無分別の真の楽がたもたれているのが阿弥陀如来の本願力であると理解されたのである。親鸞聖人はこの無分別の心を施されるのが阿弥陀如来の本願力回向であり、それが天親菩薩のお心であると受け取られ、曇鸞大師の『論註』の文言を天親菩薩の言葉として、第一講で掲げた「天親讃」中の四首で次のように述べられる。

盡十方《じんじふばう》の無《む》导《げ》光佛《くわうぶち》　一心《ゐちしむ》に歸命《くゐみやう》するをこそ　天親論主《てんじんろんじゆ》のみことには　願作佛心《ぐわんさぶちしむ》*一とのべたまへ

願《ぐわん》作佛《さぶち》の心《しむ》はこれ　度衆生《どしゆじやう》*二のこゝろなり　度衆生《どしゆじやう》の心《しむ》はこれ　利他眞實《りたしんじち》の信心《しんじむ》なり

信心《しんじむ》すなはち一心《ゐちしむ》なり　一心《ゐちしむ》すなはち金剛心《こむがうしむ》　金剛心《こむがうしむ》は菩提心《ぼだいしむ》　この心《しむ》すなはち他力《たりき》なり

願《ぐわん》土《ど》にいたればすみやかに　无上涅槃《むじやうねちはん》を證《しよう》してぞ　すなはち大悲《だいひ》をおこすなり　これを廻向《ゑかう》
となづけたり

＊一　「願作佛心」に「ホトケニナラントネガフコ、ロナリ」と左訓
＊二　「度衆生」に「シユジヤウヲワタスコ、ロナリ」と左訓

（『浄聖全』二、四一二〜四一三頁上段）

ちなみに、『浄土論』の「自身住持之樂ヲ求メ不、一切衆生ノ苦ヲ拔ムト欲スガ故ニ」は、次の『蓮如上人御一代記聞書』一二二条の根拠となったとも味わえる。

一　前々住上人仰られ候。聽聞心に入れ申さんと思ふ人はあり、信をとらんずると思ふ人なし。されば極楽はたのしむと聞て、參んと願ひのぞむ人は佛にならず、彌陀をたのむ人は佛になると仰られ候。

（『浄聖全』五、五六二頁）

さて、②の傍線部分である。原文では通常の「回向」の定義を記しているのであるが、宗祖はあ

えて次のように「向へシメタマフ」と回向する者を尊敬した送り仮名とされている。

凡ソ回向ノ名義ヲ釋セバ、謂ク己レガ所集ノ一切ノ功徳ヲ以、一切衆生ニ施與シテ、共ニ佛道ニ向ヘシメタマフナリ

これに対して、『浄土宗本』の読みは次のように通常の読みの「向ナリ」となっている。

凡迴向ノ名義ヲ釋セハ　謂ク己カ集所ノ一切ノ功徳ヲ以　一切衆生ニ施與シテ　共ニ佛道ニ向ナリ

（『浄全』一、二五二頁）

宗祖の尊敬した読みは、行者の自力は無功であるがゆえに、回向をすべて本願力回向とするがゆえであろう。

なお、③の傍線部分、

巧方便者《ハ》、謂ク菩薩願ズラク己レガ智慧ノ火ヲ以テ一切衆生ノ煩悩ノ草木ヲ焼カムト、若シ一衆生トシテ成佛セ不ルコト有ラバ、我佛作ラ不《ジ》ト。而ルニ衆生未ダ盡《ゴト》ク成佛セザルニ、菩薩已ニ自《ミズカ》ラ成佛セムハ、譬バ火擿《テム》シテ聴念反擿《チヤク反》字《トル》他暦反《ツム》排除也《オク》タク一切ノ草木ヲ擿《ツム》聴歴反デ焼テ盡サ令《シ》メムト欲スルニ、草木未ダ盡キザルニ、火擿已ニ盡キムガ如シ。其ノ身ヲ後ニ而身《シテ》ヲ先ニスルヲ以ノ故ニ、方便ト名ク。此ノ中ニ方便言者、謂ク作願シテ一切衆生ヲ攝取シテ、共ニ同ジク彼ノ安樂佛國ニ生シム。彼ノ佛國ハ卽是畢竟成佛ノ道路、无上ノ方便也

は浄土宗でもほぼ同様な読みである。ただし、浄土宗では菩薩のことを法蔵菩薩にかぎらずすべての菩薩のこととるが、真宗においては、ここを特に法蔵菩薩が四十八願において「不取正覚」と誓うことと、願成就して阿弥陀仏になっていることとの整合性の論拠としている。

空華学派の松島善譲和上の『顕浄土教行証文類敬信記』巻七には、所謂「数々成仏説」にて次のように述べている。少し長い文章であるが、大切なところなので、途中の箇所を略しながら挙げておく。

論註下二十八丁左ニ。火棙ノ喩ヲ設ケテ。以《ノ》下後二其身《ヲ》一而《シテ》身《ヲ》先《ニスルヲ》上故《ニ》名《ク》二巧方便《ト》一トアリ。衆生ヲ助ケ盡シ

テ後成佛セント誓ヒ給フ。法藏菩薩未ダ衆生盡ク成佛セサルニ。既ニ成佛シ給フ是御身ノ速成正覺シ給フハ。偏ニ抜諸生死ノタメナリ。

（中略）

其本ヲ求ムルニ塵點久遠劫ヨリモ久シキ佛トミヘ給フ。其本門久遠ノ彌陀モ。摂取凡夫ノ願行ヲ成就シ。過去久遠ノ衆生ハ。其彌陀ノ正覺ヲ增上縁トシテ。夫ニ依テ極樂ヘ生レ。今ノ我等ハ。十劫正覺ノ彌陀ニスカリテ往生ス。十劫正覺ヲウル所ノ菩薩モ。十劫久遠不二ニシテ。唯一ノ南無阿彌陀佛ナリ。喩ヘハ蓮ノ葉ノ露ニ宿レル月影ハ。コボルレ（ママ）露ハ何處ニユクカト云フニ。天上ノ本トノ月ニカヘル如ク。數々衆生ノ爲ニ遊戲神通シテ法藏發願ヲ示ス。十方微塵世界ノ衆生ノ爲ニ無量ノ正覺ヲト、ナヘテ。聞ク程ノ衆生皆極樂ニ往生シ。阿耨菩提ニ證入シ。唯一ノ無上正偏道ニ合ス。又菩薩ハ衆生ノ爲ニ。久遠所證ヲ取リ出シテ。幾度モ十劫正覺ヲ稱ヘ給ヘトモ。唯一無上正偏道ノ外ナシ。是阿彌陀如來ノ本願力ヨリ起ルト解スルナリ。此義ハ十劫久遠ニ就テ本末ヲ論シ。十劫ヲ末トシ。久遠ヲ本トス。而シテカクセザレバ上來所引ノ約本ノ點解シ難シト云フニアリ。

（『新編真宗全書』教義編一〇巻、四一三～四一六頁・『真宗全書』三〇巻、四一三～四一六頁）

そして、巻十三には解釈二説をあげてどちらをとってもよいとする。

巧方便トハ。本法藏菩薩其身ヲ後ニス。彌陀佛の願心亦斯ノ如シ。然ニ彌陀先成佛スルモノ火㮇ノ喩ノ如シ。此ノ法徳ヲ領スルカ故ニ。衆生ノ上ヲ又巧方便ト云ハレル。衆生ト共ニ安樂國ニ生セント思フ。彼佛國ハ畢竟成佛ノ道路。無上ノ方便ナルカ故ニ。自ラソノ身ヲ後ニシテ身先ツノ法徳ニ契ヘリ。是一義又一義ニ。此巧方便ハ唯彌陀ニ約シテ釋シタルモノニシテ。此ノミハ衆生ニ通セズ。下ニ言巧方便トアルハ。唯衆生ニ約シテ釋スルト。取捨任情。

（『新編真宗全書』教義編一〇巻、八四〇～八四一頁・『真宗全書』三一巻、三三〇～三三一頁）

ちなみに良忠の『往生論註記』は、火擿（㮇）の喩については、「擿」の文字説明のみであり、この段では、回向について、行者の五念門行の回向門との同異、巧方便との同異、『観経』の回向発願心との同異について問答をあげて解説をしているので、自力回向を知るための参考としてその文をあげておく。

凡釋回向等ト者

問　五念門ノ中ノ回向ト今ノ回向與同トヤ爲異トヤ爲　若シ同ナリト云ハ者　文ニ云　禮拜等ノ五行所集ノ善根自樂ヲ求メ不　衆生ノ苦ヲ拔ント欲シ　衆生ヲ攝取同ク安樂ニ生セント作願ス　是ヲ巧方便回向成就ト名上已　故ニ知ヌ　上ノ五念門ハ是レ所回ノ善　今ノ回向ハ者　能回向ナル應シ　若シ異ナリト言ハ　同ク善根ヲ回シ同ク衆生ト共ニス　彼此何ソ異ナラン

答　五門ノ中ニ　前ノ四念門ハ所回向ノ法體　第五ノ一門ハ能回向ノ心ナリ　但シ五門ヲ回スルコトハ　能所合論シテ總シテ五門ト云　故ニ今ノ回向ハ即チ上與同シ

問　巧方便ト回向與同トヤ爲異トヤ爲

答　巧方便ヲ以衆生ニ回向ス　即チ下ノ文ニ準スルニ　正直外己ヲ而方便ト言　外己ニ由故ニ即チ他ニ回向スルナリ也

問　今ノ回向ト三心ノ第三與同トヤ爲異トヤ爲

答　彼ハ自ヲ以テ正ト爲　此ハ他ヲ以テ正ト爲　心行亦別ナリ

（『浄全』一、三三六頁）

第十講

（一）障菩提門

菩提門については、まず菩提を妨げることについて明かす。障菩提門である。ちなみに、科段では離菩提門（離菩提障）となっている。

前講で、慈悲・帰依・方便の三種と、それらの本質が智慧、すなわち菩提であることが『論註』によって示された。そして、「慈悲ト歸依ト巧方便トハ下ニ在リ」と示唆されたが、ここではそれらの内容が示されている。

障菩提門者《ハ》、菩薩是如キ善ク回向成就[*一]シタマヘルヲ知レバ、卽能ク三種ノ菩提門相違[*二]ノ法ヲ遠離スルナリ。何等《ラ》カ三種。

一者智慧門ニ依リテ、自《ジ》樂ヲ求不《ズ》、我心自身ニ貪著スルヲ遠離セルガ故ニトノタマヘリ。進[*三]ヲ知テ退[*四]ヲ守《マボル》ヲ智ト曰フ。空无我ヲ知ルヲ慧ト曰フ。智ニ依ガ故ニ自樂ヲ求不、慧ニ依ガ故ニ我心自身ニ貪著スルヲ遠離セリ。

二者慈悲門ニ依レリ。一切衆生ノ苦ヲ抜イテ、无安衆生心ヲ遠離セルガ故ニトノタマヘリ。苦ヲ抜ヲ慈ト曰フ。樂ヲ與[*五]ヲ悲ト曰フ。慈ニ依ガ故ニ一切衆生ノ苦ヲ抜ク。悲ニ依故ニ无安衆生心ヲ遠離セリ。

三者方便門ニ依レリ。一切衆生ヲ憐[*六]愍[*七]シタマフ心ナリ。自身ヲ供養シ恭敬スル心ヲ遠離セルガ故ニトノタマヘリ。正直ヲ方ト曰フ。外[*八]己《コ》[*九]ヲ便ト曰。正直ニ依ガ故ニ一切衆生ヲ憐愍スル心ヲ生ズ。外己ニ依ガ故ニ自身ヲ供養シ恭敬スル心ヲ遠離セリ。

是ヲ三種ノ菩提門相違ノ法ヲ遠離スト名ク。

＊一　「就」に「ツク　ナル」と左訓
＊二　「違」に「タガフ」と左訓
＊三　「進」に「ス丶ム」と左訓
＊四　「退」に「シリゾク」と左訓
＊五　「與」に「アタフル」と左訓
＊六　〔憐〕に「アハレミ」と左訓
＊七　「愍」に「アハレム」と左訓
＊八　「外」に「ホカニス」と左訓

＊九　「己」に「オノレ」と左訓

（『浄聖全』二、一四六〜一四七頁）

【意訳】

障菩提門というのは、『浄土論』に、〈菩薩はこのように善巧方便の回向の成就を知ると、すなわちさとりへの道をさまたげる三種の心を遠く離れる。三種の心を遠く離れるとはどのようなことでああろうか。

一つには、智慧によって、自らの楽しみを求めず、自分自身に執着する心を遠く離れることである〉と述べられている。さとりに向かって進むことを知り、そこから退かないようにするのを〈智〉といい、空・無我の道理を知るのを〈慧〉という。智によるから自らの楽しみを求めず、慧によるから自分自身に執着する心を遠く離れるのである。

また、『浄土論』に、〈二つには、慈悲によって、すべての衆生の苦しみを除き、衆生を安らかにすることのない心を遠く離れることである〉と述べられている。苦しみを除くのを〈慈〉といい、楽しみを与えるのを〈悲〉という。慈によるからすべての衆生の苦しみを除き、悲によるから衆生を安らかにすることのない心を遠く離れるのである。

また、『浄土論』に、〈三つには、方便によって、すべての衆生を哀れむ心をおこし、自分自身を供養し敬愛する心を遠く離れることである〉と述べられている。かたよりなく平等であるのを〈方〉といい、自らのことを顧みないのを〈便〉というのである。かたよりなく平等であるから、すべての衆生を哀れむ心をおこし、自らのことを顧みないから、自分自身を供養し敬愛する心を遠く離れるのである。

『浄土論』に、〈このことを、さとりへの道をさまたげる三種の心を遠く離れるというのである〉と述べられている。

（『現代語版教行信証』、三六五～三六七頁）

（二）順菩提門

『論註』では障菩提門を説明されたので、次いで順菩提門が説明される。順菩提門では、菩提を妨げるものから離れるとすばらしいさとりの心が現れると示される。つまり、汚穢不浄な自己に執着する貪欲・瞋恚・愚痴を離れる菩提門相違の三種を離れ、法身の本質である清浄な菩提にかなう三種の心が順菩提門として述べられるのである。

順菩提門ト者《ハ》、菩薩ハ是如キ三種ノ菩提門相違ノ法ヲ遠離シテ、三種ノ隨順菩提門ノ法滿足スルコトヲ得タマヘルガ故ニ。何等《ラ》カ三種。

一者无染*一清淨心。自身ノ爲ニ諸樂ヲ求メ不ルヲ以故トノタマヘリ。菩提ハ是无染清淨ノ處ナリ。若シ身ノ爲ニ樂ヲ求メバ卽菩提ニ違シナム。是ノ故ニ无染清淨心ハ、是菩提門ニ順ズルナリ。

二者安清淨心。一切衆生ノ苦ヲ拔ヲ以ノ故ニトノタマヘリ。菩提ハ是一切衆生ヲ安穩スル清淨ノ處ナリ。若シ作-心シテ一切衆生ヲ拔テ生死ノ苦ヲ離レシメ不《ズ》ハ、卽-便菩提ニ違シナム。是ノ故ニ一切衆生ノ苦ヲ拔クハ、是菩提門ニ順ズルナリト。

三ニ者《ハ》樂清淨心。一切衆生ヲシテ大菩提ヲ得令ルヲ以ノ故ニ、衆生ヲ攝取シテ彼ノ國土ニ生シムルヲ以ノ故ニトノタマヘリ。菩提ハ是畢竟常樂ノ處ナリ。若シ一切衆生ヲシテ畢竟常樂ヲ得《エ》令メ不《ズ》ハ、則チ菩提ニ違シナム。此ノ畢竟常樂ハ何ニ依テカ而得ル、大乘門ニ依ルナリ。大乘門者、謂ク彼ノ安樂佛國土是也。是ノ故ニ又衆生ヲ攝取シテ彼ノ國土ニ生シムルヲ以ノ故ニト言《ノタマ》ヘリ。

是ヲ三種ノ隨順菩提門ノ法、滿足セリト名クト、知ル應シト。

＊一　「染」に「ソム」と左訓

（『浄聖全』二、一四七～一四八頁）

【意訳】

順菩提門というのは、『浄土論』に、〈菩薩はこのようなさとりへの道をさまたげる三種の心を遠く離れて、さとりの道にかなった三種の心をまどかにそなえることができる。三種とは何かというと、一つには、煩悩の汚れのない清らかな心である。これは自分自身のためにさまざまな楽しみを求めないことである〉と述べられている。仏のさとりというのは、煩悩の汚れのない清らかな境地である。自分自身のために楽しみを求めるなら、それはさとりに背くであろう。このようなわけで、煩悩の汚れのない清らかな心はさとりへの道にかなうのである。

また『浄土論』に、〈二つには、衆生を安らかにする清らかな心である。これはすべての衆生の苦しみを除くことである〉と述べられている。仏のさとりというのはすべての衆生を安らかでおだやかにする清らかな境地である。すべての衆生を救って迷いの苦しみを離れさせようと努めないなら、それはさとりに背くであろう。このようなわけで、すべての衆生の苦しみを除くのはさとりへの道にかなうのである。

また『浄土論』に、〈三つには、衆生に楽しみを与える清らかな心である。これはすべての衆生に大いなるさとりを得させることである。また、衆生を摂め取って阿弥陀仏の浄土に生れさせることである〉と述べられている。さとりというのは、決して変ることのない究極の楽しみの境地である。すべての衆生に決して変ることのない究極の楽しみを得させないなら、それはさとりに背くであろう。この決して変ることのない究極の楽しみは何によって得るのかといえば、大乗の法門によるのである。その大乗の法門とは、すなわち阿弥陀仏の浄土をいうのである。このようなわけで、また〈衆生を摂め取って阿弥陀仏の浄土に生れさせることである〉と述べられたのである。

『浄土論』に、〈このことを、さとりへの道にかなった三種の心をまどかにそなえたというのである。よく知るがよい〉と述べられている。

（『現代語版教行信証』、三六七～三六九頁）

『浄土論』に三種の菩提門に順ずる心とは、一に無染清浄心。二に安清浄心、三に楽清浄心であると説かれる。このことは『浄土論』の文言のみで十分に理解可能なことである。そこで、『論註』でも簡単に述べているにとどまるようである。

第十一講

（一）般若と方便

ここは、障菩提門に説かれた「智慧・慈悲・方便」の三種の名称を「般若」と「方便」の二つの義に摂することを明かす段である。なお筆者が注視すべきと思う箇所に傍線を付してある。

名義攝對[*一]者《ハ》、向《サキ》ニ智慧・慈悲・方便三種ノ門[*二]般若ヲ攝取ス、般若方便ヲ攝取スト説キツ、知應シトノタマヘリ。般若者如ニ達[*三]スル之慧[*四]ノ名ナリ。方便者權[*五]ニ通ズル之智ノ稱[*六]ナリ。如ニ達スレバ則心行寂滅ナリ。權ニ通ズレバ、則備《ツブサ》[*七]ニ衆機ニ省《ハブ》[*八]ク之智ナリ、備ニ應ジ而《テ》无知ナリ。寂滅之慧、亦无知ニ而《シテ》備ニ省ク。然バ則チ智慧ト方便ト、相ヒ縁[*九]ジ而《テ》動ジ、相ヒ縁ジ而《テ》[*一〇]靜ナリ。動靜ヲ失セ不ルコトハ智慧之功也。靜動ヲ廢《ハイ》[*一一]セ不ルコトハ方便之力也。是ノ故ニ智慧ト慈悲ト方便ト般若ヲ攝取ス。般若方便ヲ攝取ス。應知者《ハ》、謂ク智慧ト方便ハ是菩薩ノ父母ナリ、若シ智慧ト方便トニ依ラ不ハ、菩薩ノ法則成就セ不コトヲ知ル應シ。何以ノ故ニ。若シ智慧无クシテ衆生ノ爲ニスル時《キ》ンバ、則顛倒[*一二]ニ墮[*一三]セム。若方便无シテ法性ヲ觀ズル時《キ》ンバ、則實際[*一四]ヲ證セム。是ノ故ニ知ル應シト。

*一　「對」に「ムカフ」と左訓
*二　「般」に「カサヌ」と左訓
*三　「達」に「サトル」と左訓
*四　「慧」に「メグム サトル」と左訓
*五　「權」に「カリ」と左訓
*六　「稱」に「ナヅク」と左訓
*七　「備」に「ビ」と左訓
*八　「省」に「シヤウ」と右上に読み
*九　「縁」に「ヨル」と左訓
*一〇　「靜」に「シヅカ也」と左訓
*一一　「廢」に「スタル」と左訓
*一二　「顚倒」に「タフレタフル」と左訓
*一三　「墮」に「オツ」と左訓
*一四　「際」に「キワ」と左訓

（『浄聖全』二、一四八頁）

【意訳】

名義摂対というのは、『浄土論』に、〈さきに説いた智慧・慈悲・方便の三種の法門は般若をおさめ、般若は方便をおさめる。知るべきである〉と述べられている。〈般若〉とは平等の一如に達する慧をいい、〈方便〉とはそれぞれの異なった相に通じる智をいうのである。一如に達すれば、心のはたらきが滅する。それぞれの異なった相に通じれば、あらゆる衆生のあり方をはっきりと知る。あらゆる衆生のあり方をはっきりと知る智はすべてに応じ、しかも無知である。また心のはたらきが滅した慧は、無知であって、しかもあらゆる衆生のあり方をはっきりと知る。だから、般若と方便とは互いに縁となって動であり、互いに縁となって静である。動でありながらしかも静を失わないのは、般若の徳であり、静でありながらしかも動を失わないのは、方便の力である。そこで、智慧と慈悲と方便とは般若をおさめ、般若は方便をおさめるのである。〈知るべきである〉とは、般若と方便とは菩薩の父母であって、般若と方便とによらないなら、菩薩の行が成就しないと知るべきであるということである。なぜかというと、般若によることなく衆生救済にはたらけば、迷いに落ちてしまう。方便によることなく一如を観ずるなら、自分だけのさとりの境地に安住してしまう。このようなわけで〈知るべきである〉というのである。

（『現代語版教行信証』三六九～三七一頁）

「名義摂対」の「名」とは名称、「義」とは名称の意味である。名称と意味とを対比して摂め取ることを「名義摂対」という。そこで、この段落では、「智慧」・「慈悲」・「方便」の名称を意味から整理して、「般若」と「方便」という二つにするのである。

この段は、古来難解な箇所とされる。

それは、『浄土論』で「智慧・慈悲・方便」の三種を説いたものを、なぜ同じ『浄土論』で「般若・方便」の二つにまとめたのかということを『論註』で解説したところだからである。そもそも、智慧と般若は同じものであり、別々の言葉で訳したものにすぎないのではないかという疑問がある。

筆者は、その理由を傍線部分の、

若シ智慧无クシテ衆生ノ爲ニスル時《キ》ンバ、則顚倒ニ墮セム。若方便无シテ法性ヲ觀ズル時《キ》ンバ、則實際ヲ證セム

の文言に示されてあると考え、その文を宗祖が特に重視されたと窺うのである。意訳によるならば、

「般若によることなく衆生救済にはたらけば、迷いに落ちてしまう。方便によることなく一如を観ずるなら、自分だけのさとりの境地に安住してしまう」ということである。すなわち、極悪最下の凡夫である私のために阿弥陀如来が般若そのものである名号を施してくださった全体を示す言葉であるからと窺うのである。

ところで、方便と並ぶ「般若」の語は梵語の音訳であり、通常、「智慧」も同じ梵語語彙の意訳である。それを、あえて分けたのは、『浄土論』の梵語文献での原語が違うからであろう。もちろん、原語が何かを推測することは可能であるが、『浄土論』の梵語原典が存在しない以上、論証を試みても仮説の域を出ないので、浄土宗や本願寺派ではどのように解釈してきたかを見ておくことにしたい。

最初に良忠の『往生論註記』である。

般若者達如之慧等ト者　此ノ文ノ中ニ於テ　七有リ
一ニハ　般若者ノ下ハ　般若ヲ慧ト名ケ　方便ヲ智ト名ルコトヲ明　此則チ　實智ヲ慧ト爲
權智ヲ智ト爲
二ニ　達如ノ下　備省衆機ニ至テ　其ノ二智ノ行相ヲ明シ

三ニ　省機ノ下　備省ニ至ハ　慧ト智ト互ニ如ヲ照シ權ヲ照スコトヲ明ス　①或本ニハ省機ノ二字ヲ闕　恐ハ正シカラ不ル耳

四ニ　然則ノ下　相縁而靜ニ至　二智倶ニ動シテ而生ヲ利シ　二智倶ニ靜ニシテ而如ニ住ス二智倶ニ機ヲ省　故ニ相縁而動ト云　二智倶ニ如ニ達スルカ故ニ　相縁而靜ト云

五ニ　動不ノ下　方便之力ニ至ハ　權實二智倶ニ動シ倶ニ靜ナリト言ト雖トモ　而モ智慧亂レ不　謂ク　如　權ヲ礙不ハ　是レ方便ノ力　權　如ヲ礙不ハ　是レ般若ノ力ナル耳

六ニ　是故ノ下ハ　本文ニ結歸ス

七ニ　應知等ト者　應知ノ之言　上ヲ結スル意有リ　是ノ故ニ註家其ノ意ヲ述釋ス

問　若シ般若ハ機ヲ省　方便ハ如ニ達スト言者　權實二智　豈ニ混亂セ不也

答　二智互ニ眞俗二諦照ス　譬ハ鏡ノ面ニ金ト明トノ二義ヲ備テ暫クモ離ル時無カ如シ　明ノ用ヲ備ルカ故ニ　青等ノ像ヲ現ス　所現ノ青等　明ノ外ニ體無シ　能現ノ之明　豈ニ金體ヲ離ン　信ニ知ヌ　金ト明ト相縁テ而色像ヲ現シ　色鏡都テ無ニシテ還テ金明ニ歸　二智互ニ空有ヲ照ス　其ノ義亦然ナリ　般若ハ鏡ノ如ク　方便ハ明ノ如シ　所化ノ衆生ハ所現ノ像ノ如シ若シ般若　機ヲ省不ハ鏡ノ金ニ明無カ如シ　若シ方便　如ニ達セ不ハ鏡ノ明金ニ非ルカ如　此義ニ由カ故ニ　般若方便互ニ達シ互ニ省　若シ　利生ノ智ニ般若無ハ者　佛還テ衆生ト成　若

シ自證ノ慧ニ方便無ハ者　佛亦二乘ト成ン　此ノ實理ヲ驗ルニ　所現ノ之像ハ全ク是レ金明所化ノ衆生ハ全ク是レ本佛　佛ノ外ニ生無　利生ノ時　何ソ寂ヲ忘ン　寂ニ照用有　實智何ソ權ヲ忘ン　權ト雖トモ實ト雖トモ法性不二ナリ　融ト雖トモ偏ト雖トモ權實亂不　②相宗ノ根本ハ理ヲ縁シ後得ハ事ヲ縁スルニハ同不

予カ昔ノ聞所　今ノ解與契ヘリ

（『浄全』一、三三八頁）

良忠は①の傍線部分で記すように、『論註』の或本に「省機」の二字が欠けているというのである。宗祖が「証文類」に引用された文には「省機」の二字がない。良忠の述べる或本を用いられたのであろう。ただし、『論註』の全体に加点された『宗祖加点本』には、「省機」の文字があり、また先に掲げた『宗祖加点本』に、「樹」が「標」の文字であるので、宗祖が「証文類」で用いられた『論註』は、『宗祖加点本』とは異なる写本を使われたのであろう。次に掲げるように「省機」の二字の違いによって、宗祖は「省」の文字を、「省く」と「省みる」と、異なる読み方をされている。

「証文類」

権ニ通ズレバ、則備《ツブサ》ニ衆機ニ省《ハブ》ク之智ナリ、備ニ應ジ而《テ》无知ナリ。

（『浄聖全』二、一四八頁）

『宗祖加点本』

権ニ通ズレバ、則チ備ニ衆機ヲ省ミル。機ヲ省ミル之智、備ニ應ジテ而モ无知ナリ。

（『浄聖全』一、五二二頁）

比較してみると、一般的には『宗祖加点本』のほうが「省」の意味を取りやすい。そこで、良忠も「恐ハ正シカラ不ル」というのであろう。『註釈版聖典』には、次のように脚註がある。

衆機に省く・機に省く　衆機はすべての衆生、省くは分かち与えるの意。通常は「衆機を省みる」「機を省みる」と読む。省みるは省察する、知るの意。

（『註釈版聖典』、三三九頁）

そこで本題にもどるが、上記、良忠の解釈を見てきたが、「般若」は慧であり「実智」、「方便」は智であり「権智」であるとする。そして、その関係性を「般若」（実智）を「鏡」に、「方便」（権智）を「明」に、「所化の衆生」を「所現の像」に喩えて説明している。ただし、この実智と権智が従来の仏教語では何であるのかは示さず、②の傍線箇所の、

相宗ノ根本ハ理ヲ縁シ後得ハ事ヲ縁スルニハ同不

において、法相宗（相宗）の根本智・後得智ではないと明確に否定していることは注目すべきことである。

次に石泉学派僧叡和上の『教行信証文類随聞記』巻三十四では、「智慧・慈悲・方便」の三種を「般若・方便」の二種にしたのは、行者にわかりやすくするためであるとして、智慧と般若に特段の区別はしていないようである。それが次のものである。

名義攝對ニナルト。開合ト云中合門ニ依ル。故ニ智慧・慈悲・方便ノ三ヲ。般若・方便ノ二トシテ。障菩提門ヲ無障心トシ。順菩提門ヲ一ノ妙樂勝眞心トス。此レ合ノ方ナリ。開合倶ニ皆

菩提心ノ義相ナルガ。開門ニ依ラヌト。菩提心ノ道具立委クワカラヌ。故ニ今ノ通リ智慧・慈悲・方便ノ三門ヲ楯ニ取テ。離障ノ三心ヲ分チ。得順ノ三心ヲ分ツナリ。其レカ建立ノ模様ヲ示スニハ。開門カ便リナレドモ。令二行者易解一ニナリテハ。合門カ便ナリ。故ニ名義攝對テ。右ノ三ニシタ者ヲ約メテ。智慧等ノ三門カ般若・方便ノ二ツニナルナリ。

（『新編真宗全書』教義編九巻、二二五頁・『真宗全書』二八巻、二二五頁）

そして、空華学派であるが、松島善譲和上は、『顕浄土教行証文類敬信記』巻十三で、鎮西流の良忠と同様に実智・権智の概念で説明している。

初ノ中攝二取般若一トハ。智慧慈悲方便ノ三門。巻テ般若ニ攝ムルヲ攝取般若ト云。般若ハ實智。三門ノ中ノ智慧トハ異リ。三門は總テ權智利他ノ方。權ハ實ヨリ起リテ能ク實ニ歸スル。故ニ般若ニ攝取スルナリ。此智慧慈悲方便ノ三門ハ。離菩提障ノ所明ヲ承ル。般若ノ實智ハ上ニ如二實相一知トアル智慧ノ事ナリ。由テ今ノ註ニ般若者達レ如之慧名トアリ。般若ニ攝シタ方カラ見レハ則全レ動靜。三門トナリタ方ヲ見レハ。則全レ靜動。一相而差別宛然タリ

○般若攝取方便トハ。實智ノ般若。返テ方便ノ中ニ収メラル。此ハ般若ヨリ起タル方便ノ權智

ニシテ。權ニ實ヲ全シテアル。法性法身ヨリ起タル方便法身ハ法性ヲ全シテ持居ル。權實互ニ全シテ二利不二ナリ

（『新編真宗全書』教義編一〇巻、八四二～八四三頁・『真宗全書』三一巻、三三二～三三三頁）

つまり、智慧・慈悲・方便の三種はすべて衆生済度、利他のために起こされるものであり、この三種での智慧とは異なり、それらの三種の基に般若という「実相の如く知る」（『浄聖全』二、一四五頁五行目参照のこと）智慧があるとする。そして、この『論註』の説明こそが、二種法身として明かされる法性法身と方便法身とが不二であるとする根拠であると結論しているようである。

（二）無障

この段では、『浄土論』において、菩提心の内容について先に障菩提門で、さとりを妨げる心から離れる三種の心として説明されていたものを、それらの名の有する意味を整理してまとめていることを、『論註』では無障と説明している。

向ニ遠離我心貪著自身・遠離无安衆生心・遠離供養恭敬自身心ヲ説ツ。此ノ三種ノ法ハ、障菩提心ヲ遠離スルナリト、知應シトノタマヘリ。

諸法ニ各障㝵[*一]ノ相有リ。風ハ能ク靜[*二]ヲ障フ、土ハ能ク水ヲ障フ、濕《シフ》ハ能ク火ヲ障フ、五黑・十惡ハ人天ヲ障フ、四顚倒[*三]ハ聲聞ノ果ヲ障フルガ如シ。

此ノ中ノ三種ハ菩提ヲ障フル心ヲ遠離セ不《ズ》ト。應知者ハ、若シ无障ヲ得ムト欲ハゞ、當ニ此ノ三種ノ障㝵ヲ遠離スベシト也。

（『浄聖全』二、一四八頁）

＊一　「㝵」に「サウル」と左訓
＊二　「靜」に「シヅカナリ」と左訓
＊三　「顚倒」に「タフレタフル」と左訓

【意訳】

『浄土論』に、〈さきに、自分自身に執着する心を遠く離れ、衆生を安らかにすることのない心を遠く離れ、自分自身を供養し敬愛する心を遠く離れるということを説いた。この三つが、さとりへの道をさまたげる心を遠く離れることなのである。知るべきである〉と述べられている。すべてのものにはそれぞれさまたげがある。たとえば風は静けさをさまたげ、土は水の流れをさまたげ、湿気は火をさまたげ、五逆・十悪の罪は人間や神々として生れることをさまたげ、四顚倒は声聞のさとりをさまたげるようなものである。ここにあげた三種の心を遠く離れないなら、さとりへの道をさまたげることになる。〈知るべきである〉とは、さとりへの道にさまたげのないことを得ようと思うなら、このさまたげとなる三種の心を遠く離れなければならないということである。

（『現代語版教行信証』、三七一〜三七二頁）

文中の「五黒」という語は、通常の仏教語として使用されることがほとんどない。『現代語版教行信証』では「五逆」と訳している。しかし、存覚上人の『六要鈔』では、

「五黒」ト等者、「五黒」ハ是悪業、卽五悪也、是ノ故ニ或ハ「五悪」ト言フ本有リ。五悪ト言者五戒ヲ持不、「十悪」ト者十善ニ翻スル也。

（『浄聖全』四、一一九五頁）

と述べ、また良忠の『往生論註記』では、

五黒十悪ト者　或ル本ニハ五悪ト云　（『浄全』一、三三八頁）

とし、また『宗祖加点本』でも、

五悪・十悪ハ人天ヲ障フ　（『浄聖全』一、五二二頁）

となっている。また、五黒も五悪も同じ意味で使われる場合は、通常、五戒と対にして「殺生・偸盗・邪淫・妄語・飲酒」のこととされる。

ちなみに、本願寺第八代宗主蓮如上人（一四一五〜一四九九）は『御文章』第二帖第七通に、

それ人間界の生をうくることは、まことに五戒をたもてる功力によりてなり。

（『浄聖全』五、一〇五頁）

と記している。

なお、筆者が付した傍線箇所の「此ノ中ノ三種ハ菩提ヲ障フル心ヲ遠離セ不ト」を、宗祖は『宗祖加点本』で、

此ノ中ノ三種ノ不遠離ハ、菩提ヲ障フル心ナリ

（『浄聖全』一、五二二頁）

と読まれている。この方が意味を取りやすいであろう。

（三）妙楽勝真心

この段は、『浄土論』において菩提心の内容について先に順菩提門で清浄な三種の心として説明されていたものを、妙楽勝真心の一つにされたが、この妙楽勝真心についての説明である。

向《サキ》ニ无染清淨心・安清淨心・樂清淨心ヲ說キツ。此ノ三種ノ心ハ略シテ一處ニシテ、妙樂勝眞心ヲ成就シタマヘリト、知ル應トノタマヘリ。

樂ニ三種有リ。

一者外樂、謂ク五識《サトル》*一所生ノ樂ナリ。

二者內樂、謂ク初禪・二禪・三禪ノ意識所生ノ樂ナリ。

三者法樂*二五角反樂*三魯各反謂ク智慧所生ノ樂ナリ。此ノ智慧所生ノ樂ハ、佛ノ功德ヲ愛スル從《ヨリ》起レリ。是ハ遠離我心ト遠離无安衆生心ト遠離自供養心ト、是ノ三種ノ心、清淨ニ增進シテ、略シテ妙樂勝眞心ト爲《ス》。妙ノ言ハ其レ好ナリ。此ノ樂ハ佛ヲ緣ジテ生ズルヲ以ノ故ニ。勝ノ言ハ三界ノ中ノ樂ニ勝出セリ。眞ノ言ハ虛僞*四ナラ不《ズ》、顚倒セ不ルナリ。

*一　「識」に「シル」と左訓
*二　割註の「角」に「カク」とルビ
*三　割註の「魯」に「ロ」とルビ
*四　「僞」に「イツワル」と左訓

（『浄聖全』二、一四八～一四九頁）

【意訳】

『浄土論』に、〈さきに、煩悩の汚れのない清らかな心、衆生を安らかにする清らかな心、衆生に楽しみを与える清らかな心を説いた。この三種の心は、まとまってただ一つの妙楽勝真心を成就する。知るべきである〉と述べられている。

〈楽〉に三種がある。

一つには外楽、すなわち五識による楽しみである。

二つには内楽、すなわち初禅・第二禅・第三禅の禅定の意識による楽しみである。

三つには法楽楽、すなわちさとりの智慧による楽しみである。この智慧による楽しみは、阿弥陀仏の功徳を願い求めることからおこるのである。自分自身に執着する心を遠く離れ、衆生を安らかにすることのない心を遠く離れ、自分自身を供養し敬愛する心を遠く離れるという。この三つが清らかに進展して一つの妙楽勝真心となる。妙とは、よいという意味である。この楽は阿弥陀仏を縁としておこるからである。勝とは、迷いの世界の楽しみに超えすぐれていることである。真とは、いつわりでなく真実にかなっていることをいうのである。

（『現代語版教行信証』、三七二～三七三頁）

衆生の感じる楽を五識によるとするのは的確に楽とは何かを示している。五根や五境によるものではないのが苦楽である。

なお、文中の「法楽楽」における「仏」を本願寺派の「意訳」では、阿弥陀仏としている。しかし、浄土宗では行による楽をすべて菩薩、行者の功徳とするので、阿弥陀仏を指すのではなく自らが悟りを得た仏としての楽である。また前の二つの楽も菩薩・行者の修行による楽である。したがって、良忠は、浄土宗の根本経典である『観経』の定善・散善と出世間の楽との関係を説いている。

良忠は、『往生論註記』で次のように述べる。

法樂樂ト者　法ハ謂ク佛法　樂ハ謂ク風ヲ移俗ヲ易之義　生死ノ回曲を移テ　無漏ノ徑路ニ易

樂ハ謂ク智慧　愛佛ノ樂也

問　此ノ三樂ニ約シテ云何カ定散世出世ヲ分別スル

答　初ノ一ハ是レ散　後ノ二ハ是レ定　初ノ一ハ唯有漏　次ノ一ハ二種ニ通　後ノ一ハ唯出世也

（『浄全』一、三三九頁）

第十二講

（一）願事成就

浄土願生の業事の達成について説かれる。『浄土論』では、前の段で、般若・方便・離障菩提心・妙楽勝真心として述べたものを、それぞれ「智慧心」・「方便心」・「無障心」・「勝真心」と言いかえている。したがって、「般若」は、総じた意味での「智慧」である。それでわかることは、前講で、「般若」と「智慧」の原語がそれぞれ何かは原典がないので断定はできないと述べたが、漢文の『浄土論』では、先に「智慧」を二種類に分けて説明したために、前段であえて「般若」という音訳を用いたということであろう。

願事成就者、是如キ菩薩ハ智慧心・方便心・无障心・勝眞心ヲモテ、能ク清淨佛國土ニ生シメタマヘリト、知ル應トノタマヘリ。應知者ハ、謂ク此ノ四種ノ清淨ノ功德、能ク彼ノ清淨佛國土ニ生ヲ得《エ》シム、是他縁ヲ而生《シテ》ズルニハ非ズト知應シト也。

是ヲ菩薩摩訶薩、五種ノ法門ニ隨順シテ、所作意ニ隨テ自在ニ成就シタマヘリト名ク。向ノ所說ノ如キ身業・口業・意業・智業・方便智業、法門ニ隨順セルガ故ニトノタマヘリ。隨意自在者《ハ》、言《イフコ、ロ》ハ此ノ五種ノ功德力、能ク清淨佛土ニ生ゼシメテ、出沒[*一]自在ナル也。身業者禮[*二]拜也。口業者讚嘆也。意業者作願也。智業者觀察也。方便智業者回向也。此ノ五種ノ業和合セリ、則是往生淨土ノ法門ニ隨順シテ、自在ノ業成就シタマヘリト言《ノ》タマヘリト。

（『浄聖全』二、一四九頁）

＊一　「沒」に「イルトモ」と左訓
＊二　「禮」に「オガム」と左訓

【意訳】

願事成就というのは、『浄土論』に、〈このように菩薩は、般若・方便・無障・妙楽勝真という四つの心により、阿弥陀仏の浄土に往生させていただくのである。知るべきである〉と述べられている。〈知るべきである〉とは、この四種の心の清らかな功徳により、阿弥陀仏の浄土に往生できるのであって、他の功徳により往生するのではないことを知るべきであるというのである。

『浄土論』に、〈これを、菩薩が五念門にかなって、自由自在に自利利他の行いができるようになるというのである。さきに説いたように、身業・口業・意業・智業・方便智業が五念門にかなっているからである〉と述べられている。〈自由自在に〉とは、この五念門の功徳の力は、阿弥陀仏の浄土に往生させ、またあらゆる世界にすがたを現すことが自由自在であるようにさせることをいうのである。〈身業〉とは礼拝である。〈口業〉とは讃嘆である。〈意業〉とは作願である。〈智業〉とは観察である。〈方便智業〉とは回向である。この五種の行いがととのうのを、往生浄土の法門にかなって、自由自在に自利利他の行いができるようになるというのである。

（『現代語版教行信証』、三七三〜三七四頁）

四種の心と五念門行が説かれている。

「願事成就」の「願」は法蔵菩薩の本願であり、四種にまとめられた心というのは、阿弥陀如来より賜る信心のことであり、五念門行の功徳も阿弥陀如来の本願力回向によって賜り、「事」が成就するとするのが真宗義である。このことを僧叡和上は『教行信証文類随聞記』巻三十四で次のように述べる。

此レ五念門ガ因ノヤウナリ。此五念ノ行ハ。愛佛功徳トアル佛功徳ガ。五念ヲスベルナリ。妙樂心ハ。佛ノ五念ヲ。衆生カ受ケ取ルナリ。其レガ無ヒト。名コソ妙樂心ト云ヘド。願事成就トハ云ハレヌガ。如來修滿ノ身業・口業・意業・智業・方便智業ノ五ツガ。丸々行者ヘ亘リ。妙樂心トナレバコソ。自在ニ雜染ノ凡夫。彼土ヘ入リ込ムヤウニハナルナリ。

（『新編真宗全書』教義編九巻、二二七頁・『真宗全書』二八巻、二二七頁）

これに対し、浄土宗では、「願事成就」の「願」は、行者の願いであり、四種の心は行者の菩提心、「事」は五念門行にして行者の浄土往生の生因であり、これで往生することを「成就」というとする。

良忠の『往生論註記』には次のように述べている。

願ハ謂ク四種ノ心即チ菩提心ナリ　事ハ謂ク五念の行即チ生因ノ行ナリ　願行成就シテ定テ往生ヲ得　是ヲ成就ト名

（『浄全』一、三三九頁）

なお、空華の松島善譲和上は、次の「利行満足」の章にかけての解説もされているので、それを紹介しておくことにする。

『顕浄土教行証文類敬信記』巻十三に次のように述べる。

法藏菩薩已ニ五念二利ノ行ヲ成就シ。我等一心ノ當體コレヲ全領スル。ソノ五念二利ニ就テ。廣大ナル信心ヨリ言ヘハ。則智慧等ノ四心ナリ。是レ法藏所修ノ如ク。心行ヲ分テ此レヲ說クガユヘニ。此五種ノ業和合セリ則是隨二順往生淨土ノ法門ニ一自在業成就トノ玉フ。

（中略）

問云。已下ノ二章廣略ノ分齊云何。

答。願事成就ハ略ヨリ廣ニ出ルノ次第。利行滿足ハ廣ヨリ略ニ歸スルノ次第。故ニ二章ニ各々廣略アリト雖トモ。ソノ主トスル所ハ願事成就ノ結ハ一心卽生ヲ以テ主トス。利行滿足ハ廣ヲ以テ主トスル。爾レトモ略ニ歸スルハ勿論ノコトナリ。

（『新編真宗全書』教義編一〇巻、八四四頁・『真宗全書』三一巻、三三四頁）

（二）利行満足

『論註』下巻冒頭で示された義の十重最後の章である。

利*一行満足者《ハ》、復五種ノ門有テ、漸*二次ニ五種ノ功徳ヲ成就シタマヘリト、知ル應シト。何者《ノ》カ五門。一者近門、二者大會衆門、三者宅門、四者屋《オク》門、五者園*三《オン》林遊戯*四《ゲ》地門ナリトノタマヘリ。此ノ五種ハ、入出ノ次第ノ相ヲ示現セシム。入相ノ中ニ、初ニ浄土ニ至ルハ、是近相ナリ。謂ク大乗正定聚ニ入ルハ、阿耨多羅三藐三菩提ニ近ヅクナリ。浄土ニ入リ已ルハ、便如來ノ大會衆ノ數ニ入ルナリ。衆ノ數ニ入リ已リヌレバ、當ニ修行安心之宅ニ至ルベシ。宅ニ入リ已レバ、當ニ修行所居*五《ゴ》ノ屋*六宇*七《ウ》尤擧ノ反*八*九ニ至ルベシ。修行成就シ已ヌレバ、當ニ教化地ニ至ルベシ。教化地ハ即是菩薩ノ自娯*一〇《ゴ》樂ノ地ナリ。是ノ故ニ出門ヲ園林遊戯地門ト稱*一一スト。

*一　「利」に「トシ」と左訓
*二　「漸」に「ヤウヤク」と左訓
*三　「園」に「ソノ」と左訓

＊四　「戯」に「タワブル」と左訓
＊五　「居」に「ヰル」と左訓
＊六　「屋」に「イヱ」と左訓
＊七　「宇」に「イヱ」と左訓
＊八　割註の「尤」に「ウ」と左訓
＊九　割註の「擧」に「コ」と左訓
＊一〇　「娯」に「タノシミ」と左訓
＊一一　「稱」に「イフ」と左訓

（『浄聖全』二、一四九～一五〇頁）

【意訳】

利行満足というのは、『浄土論』に、〈また五種の法門があって、五種の功徳を成就することを知るべきである。五種の法門とは何かというと、一つには近門、二つには大会衆門、三つには宅門、四つには屋門、五つには園林遊戯地門である〉と述べられている。この五種の法門は、浄土へ入ってさとりを開くという自利の入の相と、浄土から出て衆生をさとりへ導くという利他の出の相とを、順次に説き示したものである。入の相の中、まず浄土に生れるのは近門の相である。つまり大乗正定聚に入ると、さとりに近づくのである。浄土に生れると、そこで阿弥陀仏の大会衆の中に入る。大会衆の中に入れば、安らかに修行できる住い、すなわち宅に至るであろう。その宅に入れば、まさにその屋内で修行を積むに至るであろう。そこで修行が成就すれば、思いのままに衆生を教え導く位に至るのである。この位は、すなわち衆生を教え導くことを菩薩自らの楽しみとする位である。このようなわけで、出の法門を園林遊戯地門というのである。

（『現代語版教行信証』、三七四～三七五頁）

そして、浄土への入と出との功徳の完成がそれぞれ説明される。まずは、入の門である。

此ノ五種ノ門ハ、初ノ四種ノ門ハ入ノ功徳ヲ成就シタマヘリ、第五門ハ出ノ功徳ヲ成就マヘリトノタマヘリ。此ノ入出ノ功徳ハ、何者《ノ》カ是レヤ。

釋スラク入第一門ト言者、阿彌陀佛ヲ禮拜シテ彼ノ國ニ生ゼシメムガ爲ニスルヲ以ノ故ニ、安樂世界ニ生コトヲ得《エ》シム。是ヲ第一門ト名ク。佛ヲ禮シテ佛國ニ生ト願ズルハ、是初ノ功德ノ相ナリト。

入第二門者《ハ》、阿彌陀佛ヲ贊嘆シ、名義ニ隨順シテ如來ノ名ヲ稱セシメ、如來ノ光明智相ニ依テ修行セルヲ以ノ故ニ大會衆ノ數ニ入コトヲ得シム。是ヲ入第二門ト名クトノタマヘリ。如來ノ名義ニ依テ讃嘆スル、是第二ノ功德相ナリト。

入第三門者《ハ》、一心ニ專念シ作願シテ、彼《コ》ニ生ジテ奢摩他寂靜三昧ノ行ヲ修ヲ以ノ故ニ蓮華藏世界ニ入コトヲ得シム。是ヲ入第三門ト名ク。寂靜止ヲ修セム爲ノ故ニ一心ニ彼ノ國ニ生ト願ズル、是《コレ》第三ノ功德相ナリト。

入第四門者、彼ノ妙莊嚴ヲ專念シ觀察シテ、毘婆舍那ヲ修セシムルヲ以ノ故ニ彼ノ所ニ到コトヲ得テ、種種ノ法味ノ樂ヲ受用セシム。是ヲ入第四門ト名トノタマヘリ。種種ノ法味ノ樂者《ハ》、毘婆舍那ノ中ニ、觀佛國土清淨味・攝受衆生大乘味・畢竟住持不虛作味・類事起行願取佛土味有リ。是ノ如キ等ノ无量ノ莊嚴佛道ノ味有ルガ故ニ種種ト言《ノ》タマヘリ。是レ第四ノ功德相ナリト。

（『浄聖全』二、一五〇～一五一頁）

【意訳】

『浄土論』に、〈この五種の法門は、はじめの四種の法門は入の功徳を成就し、第五の法門は出の功徳を成就するのである〉と述べられている。この入出の功徳とはどのようなものであろうか。

これについて『浄土論』に、〈入の第一門とは、阿弥陀仏を礼拝し、すなわち本願のはたらきにより阿弥陀仏の国に生れようとするから、浄土に生れさせてくださる。これを入の第一門という〉と述べられている。阿弥陀仏を礼拝して浄土に生れようと願うのである。

『浄土論』に、〈入の第二門とは、阿弥陀仏をほめたたえ、名号のいわれにかなって如来の名号を称えさせていただき、すなわち如来の光明という智慧の相によって行を修めるから、大会衆の中に入らせてくださる。これを入の第二門という〉と述べられている。阿弥陀仏の名号のいわれにかなってほめたたえるのである。これが第二の功徳の相である。

『浄土論』に、〈入の第三門とは、一心にもっぱら作願して阿弥陀仏の浄土に生れ、すなわち思いをやめ心を静める行を修めるから、蓮華蔵世界に入らせてくださる。これを入の第三門という〉と述べられている。心を静める行を修めるために一心に浄土に生れようと願うのである。これが第三の功徳の相である。

『浄土論』に、〈入の第四門とは、浄土のすぐれたすがたをもっぱら観察し、すなわちそのすぐれた観察の行を修めさせていただくから、浄土に往生してさまざまな法を味わう楽しみを受けさせてくださる。これを入の第四門という〉と述べられている。〈さまざまな楽しみ〉とは、観察の行の中に、仏とその国土の清らかなことを観ずる楽しみ、衆生を救い大乗のさとりを聞かせることを観ずる楽しみ、阿弥陀仏の本願力がいつわりでなく変らずにはたらき続けることを観ずる楽しみ、菩薩が衆生に応じて行を修め仏とその国土を示して衆生を救うことを観ずる楽しみなどがあり、このように数限りない法を味わう楽しみが浄土にそなわっているから、さまざまな楽しみというのである。これが第四の功徳の相である。

（『現代語版教行信証』、三七五～三七七頁）

宗祖は、入第一門で、「彼ノ國ニ生ゼシメムガ為ニスルヲ以ノ故ニ」と送り仮名をされているが、第一門も自力の行とする浄土宗では「彼ノ国ニ生セント為ヲ以ノ故ニ」（『浄全』一、二五四頁参照のこと）であり、読みが異なる。

そして、最後の出の第五門で衆生済度の還相回向が示される。なお、番号と傍線は筆者が付している。

出第五門者《ハ》、大慈悲ヲ以テ一切苦惱ノ衆生ヲ観察[*一]シテ、應化身ヲ示シテ、生死ノ園《ノ》、煩惱ノ林

（二）利行満足

ノ中ニ回入シテ、神通ニ遊戯シ、教化地ニ至ル。本願力ノ回向ヲ以ノ故ニ。是ヲ出第五門ト名トノタマヘリ。①示應化身ト者《ハ》、『法華經』ノ普門示現之類《イ》*二ノ如キ也。遊戯ニ二ノ義有。一ニ者《ハ》自在ノ義。菩薩衆生ヲ度ス。譬バ師子ノ鹿《シヽ》ヲ搏《ウ》ツニ、所‐爲難《ハヾカ》ラ不《ザル》ガ如《ゴト》キハ、遊戯スルガ如‐似シ。二ニ者《ハ》度无所度ノ義ナリ。菩薩衆生ヲ観ズルニ畢竟ジテ有ユル所无シ。无量ノ衆生ヲ度スト雖モ、實ニ一衆生トシテ滅度ヲ得ル者无《ノ》シ。衆生ヲ度スト示スコト遊戯スルガ如‐似シ。②本願力ト言者《ハ》、大菩薩法身ノ中ニ於テ、常ニ三昧ニ在《マシマ》シ而《テ》種種ノ身、種種ノ神通、種種ノ説法ヲ現コトヲ示コト、皆本願力ヨリ起ルヲ以テナリ。譬バ阿修羅ノ琴ノ鼓《コ》*三スル者无《ノ》ト雖モ、而音曲自然ナルガ如シ。是ヲ教化地ノ第五ノ功徳相ト名クトノタマヘリ。」已上抄出

（『浄聖全』二、一五一頁）

＊一　「察」に「カヾム」と左訓
＊二　「類」に「タグイ」と左訓
＊三　「鼓」に「ウツ」と左訓

【意訳】
『浄土論』に、〈出の第五門とは、大慈悲の心をもって、苦しみ悩むすべての衆生を観じて、

衆生を救うためのさまざまなすがたを現し、煩悩に満ちた迷いの世界に還ってきて、神通力をもって思いのままに衆生を教え導く位に至ることである。このようなはたらきは阿弥陀仏の本願力の回向によるのである。これを出の第五門という〉と述べられている。〈救うためのさまざまなすがたを現す〉とは、『法華経』の普門品に、観音菩薩が衆生を救うためにさまざまなすがたを現すことが説かれているようなものである。〈思いのままに〉というのには二つの意味がある。一つには自由自在という意味である。浄土の菩薩が衆生を救うのは、たとえば獅子がいともたやすく鹿を捕らえるようなものであり、それは自由自在なのである。二つには衆生を救いながらも救うというとらわれがないという意味である。浄土の菩薩が衆生を観ずるとき、実体があるとみるのではない。数限りない衆生を救いながら、一人としてさとりを得させたというとらわれはない。衆生を救うはたらきをあらわすことに、とらわれがないのである。〈本願力〉とは、八地以上の菩薩が平等法身のさとりの中において、常に禅定にあって、さまざまなすがたを現し、さまざまな神通力をあらわし、さまざまな説法をするのであるが、これらはみな阿弥陀仏の本願力によるものであることをいう。たとえば阿修羅の琴は弾くものがいなくても自然に調べを奏でるようなものである。これを思いのままに衆生を教え導く第五の功徳の相というのである」

（『現代語版教行信証』、三七七～三七九頁）

この第五門の解説には、多くのことが説かれている。傍線箇所を①から③に分けて考えてみることにしたい。

まず、①の傍線部分である。

示應化身ト者《ハ》、『法華經』ノ普門示現之類《イ》ノ如キ也

『法華経』の普門とは、鳩摩羅什訳『妙法蓮華経』の「観世音菩薩普門品第二十五」である。この示現について真宗ではどのように考えてきたのであろうか。先の石泉・空華の二師もそれについては一切触れていない。

ちなみに、『法華経』では、無盡意菩薩が釈尊に次のように問いを出し、釈尊がそれに答えている。

観世音菩薩ハ、云何ニシテ此ノ娑婆世界ニ遊ビ、云何ニ而テ衆生ノ爲ニ法ヲ説クヤ。方便之力、

其ノ事ハ云何。

佛、無盡意菩薩ニ告ゲタマハク。善男子、若シ國土ニ衆生有リテ、應ニ佛身ヲ以テ得度スベキ者ニハ、觀世音菩薩ハ卽チ佛身ヲ現シ而テ爲ニ法ヲ說ク。

（『大正新脩大蔵経』九巻、五七頁）

このように答えて、仏としての化身を現す他に、辟支仏・声聞・梵天王・帝釈天・自在天・大自在天・天大将軍・毘沙門天・小王・長者・居士・宰官・婆羅門・比丘・比丘尼・優婆塞・優婆夷・長者婦女・居士婦女・宰官婦女・婆羅門婦女・童男・童女・天・龍・夜叉・乾闥婆・阿修羅・迦樓羅・緊那羅・摩睺羅伽・執金剛神など、人間や人間以外の化身となって娑婆世界に遊戯し説法をすると説かれる。

つまり、①の文で『法華経』を例にあげたのは、還相の菩薩とは、どのような身にでも自由自在になって名号法を伝えることができるということを示すものである。真宗でも浄土宗でもそのまま受け取ることができるのであるが、次の②の傍線部分は真宗と浄土宗とで解釈の大きく異なるところである。

本願力ト言者《ハ》、大菩薩法身ノ中ニ於テ、常ニ三昧ニ在《マシマ》シ而《テ》種種ノ身、種種ノ神通、種種ノ説法ヲ現コトヲ示コト、皆本願力ヨリ起ルヲ以テナリ。

この文については、すでに本書の第四講の「（一）本願」で講じてきたので、再度見ておいてほしい。

結　講

「証文類」の最後、本願大悲の往相回向と還相回向についてのまとめとしての宗祖の御自釈である。この御自釈をもって結講とさせていただく。筆者の付した傍線部分に注意をしていただきたい。

爾《カ》レ者、大聖ノ眞言、誠ニ知ヌ、大涅槃ヲ證スルコトハ願力ノ回向ニ籍《ヨ》リテナリ。還相ノ利益ハ利他ノ正意ヲ顯スナリ。是ヲ以テ論主ハ廣大无㝵ノ一心ヲ宣[*一]布[*二]シテ、普《アマネク》徧雜染[*三]堪《カム》[*四]忍ノ群[*五]萌[*六]ヲ開化ス。宗師ハ大悲往還ノ回向ヲ顯示シテ、慇《ネムゴロ》懃ニ他利利他ノ深義ヲ弘宣シタマヘリ。仰テ奉[*七]持ス可シ、特《トク》《コト》ニ頂戴[*八]ス可シト矣。

＊一　「宣」に「ノベ」と左訓
＊二　「布」に「シク」と左訓
＊三　「染」に「ソム」と左訓
＊四　「堪」に「カナフ」と左訓

＊五　「群」に「ムラガル」と左訓
＊六　「萠」に「キザス」と左訓
＊七　「奉」に「ウケタマハル」と左訓
＊八　「戴」に「イタヾク」と左訓

（『浄聖全』二、一五一頁）

【意訳】

以上のことから、釈尊の真実の仰せにより知ることができた。この上ないさとりを得ることは、阿弥陀仏の本願力の回向によるのであり、還相のはたらきを恵まれることは、阿弥陀仏が衆生を救おうとされる本意をあらわしているのである。こういうわけであるから、天親菩薩は、何ものにもさまたげられない広大な功徳をそなえた一心をあらわして、娑婆世界にあって煩悩に汚されている衆生を教え導いてくださり、曇鸞大師は、往相も還相もみな阿弥陀仏の大いなる慈悲による回向であることをあらわして、他利と利他の違いを通して他力の深い教えを詳しく説き広めてくださった。仰いで承るべきであり、つつしんでいただくべきである。

（『現代語版教行信証』、三七九〜三八〇頁）

傍線を付した文言は次のものである。

論主ハ廣大无㝵ノ一心ヲ宣布シテ、普徧《アマネク》雜染堪《カム》忍ノ群萠ヲ開化ス。

宗師ハ大悲往還ノ回向ヲ顯示シテ、慇懃《ネムゴロ》ニ他利利他ノ深義ヲ弘宣シタマヘリ。

「論主」は天親菩薩であり、天親菩薩の発揮を明かす言葉である「宣布一心は北天の功」の依りどころの文である。

「宗師」は曇鸞和尚である。

「証文類」では、「妙楽勝真心」として「一心」が示されたが、『浄土論』の上で「一心」は「願生偈」の冒頭に出る。そのことは、第一講で示した通りである。そこで、本講義のまとめとして「願生偈」の「我一心」に対する真宗と浄土宗との違いを示しておくこととする。『宗祖加点本』の『論註』には次のように記されている。

『宗祖加点本』

「我一心」者《ハ》　天親菩薩自督《トク》*一之詞ナリ。言《イフコヽロ》ハ無㝵光如來ヲ念ジタテマツリテ安樂ニ生ト願コト心心相續シテ他ノ想ヒ間雜スルコト无トナリ。

＊一　「督」の字の行の上欄に「督《アキラカナリ》　字　勸也　率也　正也」と註記

（『親鸞聖人眞蹟集成』第七巻、一七〇頁・『浄聖全』三、三四八頁）

宗祖は、この文を「行文類」（『浄聖全』二、二六頁）に引かれている。その訓読は、今とほぼ同じなので、「行文類」での引用文に対する石泉僧叡和上の『教行信証随聞記』巻五の解釈をまずは示そう。

信佛ハ我一心ノ一心ニシテ。註ニ釋シテ無他相間雜トアリ。一往見レハ。散亂ノ念ノ雜ラヌ様ナガ然ラズ。念無礙光ヲ主ニシテ。其ヨリ外ヲ望テ云ト。此他想ハ無礙光ヲ念スルコトニ反スルコトニシテ自力心ナリ。無他想間雜ハ。信巻ニ云ヘル疑蓋無雜ナリ。此ハ化巻ニ見レハ。離二自力之心一ト云コトナリ。故ニ一心ト云ハ。他力ノ信心ナリ。

（『新編真宗全書』教義編八巻、一九〇頁・『真宗全書』二六巻、一九〇頁）

「一心」とは、当然、信心のことである。しかし、浄土宗では次のように解釈する。良忠の『往生論註記』の文である。

問　一心ト言ハ者　安心トヤ爲ン起行トヤ爲ン
答　二ニ通ス也　今ノ文ハ起行ノ一心ノ之義ヲ釋ス　故ニ相續無他想間襍ト云　下ノ文ハ安心ノ相ヲ釋ス　故ニ三信等ト云也
問　心心相續　其ノ相云何
答　散中ニ亂ヲ止專注ノ一心也
問　今ノ我一心ハ五念ニ通トヤ爲ン
答　五念ヲ擧テ其相ヲ釋ス也
・・・・
自督之詞ト者　智光ノ云　自督策勵ノ之詞ナリ

（『浄全』一、二六八頁）

「一心」を止観行の「止」とするのが、浄土宗の義である。すなわち自力の行の意味である。そして「自督」とは、自力の行を策励することだという。当然宗祖のご指南と異なる。そこで、最後に空華の松島善譲和上の『顕浄土教行証文類敬信記』巻四の口述を載せて他力義を味わうことにしよう。非常に長い解説なので、要点の文のみを掲げる。

此ノ一心ニ就テ。安心ノ一心ト。相續ノ一心ト。二義ヲ含ム。

（中略）

問云　此ノ一心。安心ト相續ト二義アル中。何レカ主ナルヤ。

答　正クハ。安心ノ一心ナリ。（中略）祖師ハ。天親ノ本意。安心ヲ顯シ給フト見給フ故ニ。世尊我一心ノ文ハ。信卷ニ引キ給ヒテ。行卷ニ引キ給ハス。銘文ニ。世尊我一心ノ四句ニツキ。具ニ釋有リ。一心ヲ信心ニ約シテ。コレマコトノ信心ナリト有リ。

（中略）

自督之詞トハ。是ハ相續心ニ約シテ。一心ヲ釋シ給フ相タナリ。自督ハ。自ラタヾスト訓ズ。コ、ロヲ引キマワシテ。一スヂニシ。餘ヘコ、ロヲフラス。他想間雜ナキヲ自督ト云フ。

（『新編真宗全書』教義編一〇巻、二〇〇～二〇一頁・『真宗全書』三〇巻、二〇〇～二〇一頁）

以上で本典「証文類」に引用された『浄土論』・『論註』と宗祖御自釈の鑚仰を終えるのである。

振り返れば、一九七五（昭和五〇）年の安居に、助教で応招懸席させていただいてから今日までの五十年間、副講者三度、本講師二度、計五回の安居での講義である。その間、多くの和上はもとより、講師の方々と大衆の方々に御指導いただいた。ここに深甚の謝意を表し、ご法義のますますの繁昌を願うことである。

著者紹介

北塔　光昇（きたづか　みつのり）

1949年　北海道に生まれる。

1974年　龍谷大学大学院文学研究科修了

浄土真宗本願寺派　勧学

著書　『天台菩薩戒義疏講読』上・下

『優婆塞戒経の研究』

『仏説無量寿仏観経講讃』

『真宗からの倶舎・法相読本』

『真宗からの華厳・天台読本１経典編』

『『大無量寿経』読本１』（以上、永田文昌堂）他

『浄土論』講讃　十二講

『教行信証』「証文類」の引文を基にして

令和六年七月十八日　第一刷発行

著　者　北　塔　光　昇

発行者　永　田　唯　人

印刷所　㈱図書印刷　同　朋　舎

製本所　㈱吉　田　三　誠　堂

発行所　永　田　文　昌　堂

600-8342　京都市下京区花屋町通西洞院西入

電　話（〇七五）三七一―六六五一番

ＦＡＸ（〇七五）三五一―九〇三一番

ISBN978-4-8162-2168-2　C3015